呂后

女性掌權第一人

王立群 著

目錄

呂雉出嫁

呂后是中國歷史上三大女主——呂后、武則天、慈禧——之首。在中國皇權繼承的問題上首創「垂簾制」，開後代母后獨掌皇權的先例，對中國古代皇權繼承影響深遠。這裡所說的「垂簾制」，並非今人理解的「垂簾聽政」。我將呂后稱制為「垂簾制」，是母后掌權的另一種通俗說法，是為了與今人習慣於將母后掌權稱為「垂簾聽政」取得一致。

但是，人們關注較多的是呂后凶殘、暴虐的一面，對她的一生缺少全面的了解。比如說呂后的婚姻狀況如何？她從年輕時代起就是個凶殘暴虐的女魔頭嗎？

相面成親

呂后是劉邦當了皇帝後人們對她的稱呼，她原名呂雉。

呂后的家鄉是單父縣（今山東單縣）。她父親的名字由於史書沒有記載，現今已不可考，史書只稱他為呂公。

呂公有四個孩子：長子呂澤，次子呂釋之，長女呂雉，次女呂嬃。

呂公和沛縣縣令是至交好友，所以當呂公因躲避仇人逃難時，曾暫住在沛縣縣令家裡。後來，由於呂公對沛縣感覺不錯，就把家安頓在沛縣。

呂公初客居沛縣時，縣裡的官員、豪紳聽說縣令家來了貴客，便都來湊錢喝酒。負責收賀禮的人，就是後來劉邦手下「三傑」之一的蕭何。此時，蕭何是沛縣縣令手下一名官員。這次酒宴，蕭何主管收禮。

按照規定，獻錢不滿一千的人只能在堂下喝酒；湊錢超過一千的人才能到堂上喝酒。劉邦來到後，高喊一聲「泗水亭長劉季」「賀錢萬」（《史記・高祖本紀》），就直接進到堂上，實際上，劉邦一個子兒也沒拿。

劉邦為什麼敢如此公開撒謊？負責收禮的蕭何難道沒有發現？

第一、玩笑成習。第二、蕭何掩護。

先說第一點。劉邦平日和縣裡的官吏們玩笑開慣了。據《史記・高祖本紀》記載：劉邦雖然只是一位小小的亭長，但是，他平日卻一向藐視縣裡的官員，經常和他們戲耍、玩笑，從不把縣吏們當回事。他也知道

亭長印

縣裡這些官員、豪紳庸才多而能人少，劉邦打心眼裡看不起他們。

再說第二點，劉邦深知蕭何不會戳穿他的謊言。這次負責收禮的人是蕭何，蕭何平日對劉邦非常關照。劉邦未做亭長時，蕭何就經常護著劉邦。劉邦做了亭長後，有時出遠門到秦朝都城咸陽押送服徭役的民工。每當此時，縣裡的官員就會送點錢給劉邦，而蕭何往往比其他官員多拿將近一倍的錢贈送劉邦。

既然蕭何負責這次酒宴的收禮，劉邦自然敢於大講謊言。

至於蕭何，當然知道劉邦一文錢也沒拿。但是，出於對劉邦的袒護，他也不揭穿。

這樣，劉邦便堂而皇之地坐到了堂上。

呂公一聽「泗水亭長劉季」「賀錢萬」，大為驚訝，趕快起身相迎。因為「賀錢萬」在當時是非常了不得的數字。

從酒宴的規定看，出一千錢的就算是貴客，都要請到堂上喝酒。拿一萬錢，當然令人大吃一驚。

從來人的身分看，比亭長官高的人不少，但都沒有「賀錢萬」。拿一萬錢，當然非同小可。

從實際收入上看，秦代一位縣令的年俸也只有數千錢，至於亭長，一年的俸錢根本不足數千。一個亭長一次酒宴敢於「賀錢萬」，絕對是天文數字，也是不可能的事。

呂公當然知道劉邦不可能「賀錢萬」，但是，呂公是一個有政治頭腦的人；他看中的是劉邦的膽量和潛在的政治家素質。

所以，呂公聽到這麼一個天文數字，立即對劉邦產生了十分強烈的興趣。「呂公大驚，起，迎之門。」正是此一心情的具體表現。

人們談起劉邦，總認為這傢伙是個無賴、流氓。這一點並沒有錯。劉邦確實有流氓、無賴的一面。像這種大型酒宴，他一文錢不拿，只是高喊一聲「賀錢萬」，就堂而皇之地走進堂上，當然屬於流氓行為。

但是，我們也應由此看到，劉邦說謊話說到大言不慚這種程度非常不易。現代社會有一種測謊儀器，可以測量出受測者是否說謊。我想：測謊儀之所以能夠測量出一個人是否說謊，關鍵是它能夠測量出一個人說謊後的心虛，及其帶來身體上一系列的生理變化。

但是，我想現代科學的測謊儀恐怕無法測量出劉邦是否說謊，因為，劉邦說謊已經達到爐火純青的境界：臉不紅心不跳。

可見，說謊對劉邦來說是家常便飯。但是，對於一個政治家而言，出於政治需要的謊言是必要的。因此，能夠坦然說謊是政治家的一種要素。

我們講《鴻門宴》時說劉邦能把收買民心的「籍吏民，封府庫」說成是「而待將軍」；把派兵把守函谷關說成是「備他盜之出入與非常也」。張口就是謊言，不假思索，不用演練。

這是大本事！

呂公的「大驚」、「起，迎」，主要原因就是劉邦竟敢如此當眾撒謊。可見，劉邦這套作秀的本領讓呂公深表佩服，他也因此看出劉邦非等閒之輩。

劉邦與項羽滎陽對峙時，因為項羽「大怒」，暗中埋伏的弓箭手一箭射中劉邦胸部。

項羽大怒，伏弩射中漢王。漢王傷匈（胸），迺捫足曰：虜中吾指！漢王病創臥，張良彊請漢王起行勞軍，以安士卒，毋令楚乘勝於漢。漢王出行軍，病甚，因馳入成皋。（《史記·高祖本紀》）

這一箭幾乎要了劉邦的命，但是，劉邦隨口就說：「虜中吾指。」這句話肯定是謊言，但是，這一謊言對於穩定軍心非常必要。而且，劉邦還忍著傷痛，到各軍營中視察，安定軍心。一切安頓好之後，劉邦才趕回關中，治療箭傷。箭傷須回關中治療，可見，這次箭傷多麼嚴重。即使如此，劉邦仍然不忘安定軍心。政治家如此作秀，完全是一種政治需求。

呂公這個人還有一個特點，非常迷信面相。因此，他對口出大言的劉邦的面相也非常吃驚。

劉邦的面相有什麼特點呢？

《史記．高祖本紀》記載：「高祖為人，隆準而龍顏，美鬚髯。」所謂「隆準」，是指鼻梁高；「龍顏」，指上額突起；「美鬚髯」，指鬍鬚長得非常漂亮。《史記》這一記載是否為溢美之辭，不得而知；但是，這種面相顯然是貴人之相。

由於這次酒宴設定了「上座」的金額，出錢多的人照理應當坐上席。但是，就一般人而言，這種場面一文錢不出，實在不好意思，肯定非常拘謹。一文錢沒出的劉邦不但沒有半點拘謹，反倒心安理得地坐在「上座」，揮灑自如，「狎侮諸客」，隨便和客人開玩笑，好像自己做東請客。

蕭何看到呂公如此敬重劉邦，又是迎到門口，又是神情專注，怕劉邦做出什麼傻事得罪呂公，趕快向呂公解釋：「劉季這個人，愛說大話，但很少成事。你別淨聽他瞎吹（劉季固多大言，少成事——《史記・高祖本紀》）。」

劉季，是劉邦起兵反秦之前的名字。「季」，是排行。劉邦排行老三，所以稱季。

可是，呂公這個人偏偏很信邪。

蕭何的解釋他根本沒聽進去，反而愈看愈喜歡。於是，呂公就在酒宴上給劉邦使眼色，示意劉邦宴後不要走，留下來，自己有話要說。

劉邦見到呂公的眼色，心領神會。他雖然不知道有什麼事，還是一直留到客人散盡。客人都走了以後，呂公對劉邦說：「我平生為人相面無數，但從來沒有見過像你這樣好的面相。我有一個女兒，想許給你為妻，希望你不要嫌棄。」劉邦此時尚未娶妻，一聽說有這種好事，喜出望外，馬上答應下來。劉邦沒想到騙了頓酒，還混了個老婆。當然是大喜過望。

但是，呂公嫁女一事，呂公的老婆不答應：「你平時總說咱女兒有富貴相，要許給富貴人家，沛縣縣令對你這麼好，他來求婚你都不答應，為什麼非要嫁給這個劉季？」

呂公回答：「這不是妳們這些老娘們所知道的了（此非兒女子所知也——《史記・

高祖本紀》）。」

呂公家是呂公一個人說了算，儘管妻子反對，但是，他的妻子並不當家；於是，呂雉就成了劉邦的妻子。

值得重視的是呂雉的態度。做為這場婚事當事人的呂雉，沒有絲毫怨言地接受了父親對自己終身大事的安排。可見，未出閣的呂后當年本是個乖巧聽話的姑娘，是賈寶玉所說的「水做」的單純溫順的女兒。

我們還可以從年齡上做個佐證。劉邦出生於西元前二五六年，他的嫡長子劉盈出生於西元前二一一年；因此，劉盈出生時劉邦已經四十六歲了——劉邦可以說是晚婚晚育的代表。

劉盈還有一位姊姊魯元公主，兩人的年齡差距當不超過兩、三歲。因此，魯元公主出生時劉邦約四十二、三歲。假定魯元公主是在呂雉婚後一年出生的，假定呂雉是正常出閣，那麼，呂雉嫁給劉邦時大概不超過二十歲，而劉邦此時應當是四十一歲。因此，劉邦與呂雉的年齡相差恐怕有二十一歲左右。一位不到二十歲的年輕姑娘嫁給一位比自己年長二十一歲之多的亭長，還毫無怨言，應該說此時的呂雉非常溫順、聽話。

不到二十歲的呂雉嫁給了四十一歲的劉邦，是否有呂雉看中劉邦才能的因素呢？假如有這種可能，那麼，呂雉不僅僅是溫順、聽話，而且還有慧眼識人的一面。

通過「相面成親」這件事我們可以知道：年輕的呂雉是一位溫順、聽話的女子，這和我們印象中凶殘暴虐的女主形象差異極大。

為人後母

呂雉出嫁時還有一個令她非常棘手的問題：劉邦已經有了一個非婚生的兒子劉肥。《史記．齊悼惠王世家》：「其母外婦也，曰曹氏。」《漢書．高五王傳》：「其母高祖微時外婦也。」

兩部史書都稱曹氏為「外婦」，所謂「外婦」，是指外遇之婦。所謂「微時」，就是未發跡時。可見，劉肥不是劉邦和呂雉的親生兒子，劉肥的生母姓曹。《史記》、《漢書》僅有如此簡短的記載，至於這位曹姓女子的詳細身分，我們已經無從得知了。

劉肥是劉邦與呂雉婚前還是婚後所生？史無明載。可能性較大的是劉肥出生在劉邦與呂后結婚之前，原因有二：

第一、劉肥比劉盈年長。

第二、呂雉沒有對劉肥出生做出任何反應。

根據這兩點，我們可以推斷：不到二十歲的呂雉嫁給了四十一歲的中年亭長劉邦，而且，這位亭長雖然沒有正式結婚，卻有一個未婚生育的兒子。

史書也沒有關於劉肥出生時間的記載，如果劉肥出生得較早，很可能呂雉初婚時與劉肥的年齡相差無幾。如果真是如此，呂雉與劉肥的相處會更困難。一般來說，年輕的繼母很難與成年的非婚生子建立起比較親密的關係。

劉肥跟著誰長大的？這一點史書也沒有記載。

西漢女木俑

史書記載了劉邦另一個兒子劉長因母親自殺身亡而無人撫養，於是，劉邦讓呂后撫養劉長，但是，那時劉邦已經當了皇帝。當了皇后的呂后撫養一個孩子並不費勁，因為，帶孩子的許多具體事情並不需要呂后親自處理。

如果劉肥與呂雉共同生活，對呂雉來說，就更為困難了。一個不滿二十歲的少婦，卻要和與自己年齡相差無幾的大兒子朝夕相處，其間的種種困難難以形容。

劉邦當皇帝的第二年（前二〇一年，高祖六年）封劉肥為齊王，統轄齊國七十多座城市。劉邦所封諸子之中，齊王劉肥的封地最多。

而且，劉邦還極為罕見地下了一道命令：「諸民能齊言者皆予齊王。」（《史記・齊悼惠王世家》）即把能夠講齊地方言的人全部遷到齊國。

秦末大起義和四年的楚漢戰爭，使天下眾多人口被迫離開故土，齊地百姓遷居他鄉的人非常多。劉邦為了壯大齊王劉肥的力量，命令天下會講齊地方言的人都遷回齊地居住。

經過秦末和劉項之爭的戰亂，各地人口死亡極多。

齊王劉肥的封地已經非常大了，所欠缺的是人口。由於有這道詔書，從齊地流亡他鄉的齊人都得返回齊地，這對劉肥來說非常有利。因為，人口增加，意謂著賦稅、兵員都增加了。

這是非常破例的一道王命。我們在史書中沒有看到類似的王命。

這道王命的頒發可能有兩點原因：

第一、劉邦對這位庶長子相當不錯，和這位曹姓「外婦」的感情應當也不錯。

第二、劉肥年長，較為成熟，有能力管轄人多地廣的齊地。

劉邦封劉肥為齊王，會不會影響到劉邦和呂雉的感情？我們今天在史書中看不到任何這方面的記載。

呂雉和庶長子劉肥的關係得考量時間因素。新婚之際，年輕的呂雉面對劉肥，的確有很不舒服的感覺。

首先，呂雉的無奈。

呂雉與劉邦的婚姻是她的父親呂公指定的，呂雉沒有選擇的權利，她只能被動地接受此一現實。即使劉邦有一個非婚生子，呂雉也只能被動地接受。

其次，呂雉的善良。

在劉邦發跡前，呂雉對劉肥沒有任何苛刻之舉，這對一位丈夫長自己二十多歲的少婦來說，實屬不易。

我們可以設想一下，一位不滿二十歲的新婚少婦，卻要面對一個和自己年齡差不多的大兒子，彼此接受，非常複雜。特別是男孩子，接受非親生的母親，一般要有一個適應的過程。

按照正常情況，呂雉結婚第二年就生了女兒。一位母親，有了自己的親生小孩後，與非婚生子的相處就更為困難。

面對一個親生、另一個非親生的兩個孩子，呂雉能否一視同仁呢？

偏愛親生孩子是人的天性，年輕的呂雉在處理親生子和非親生的劉肥關係的問題上可能會遇到不少困難。史書沒有這方面的任何記載。但是，這個問題卻是非常現實的。

有人認為：劉肥沒有和劉邦生活在一起，而是寄養在曹姓女子家中。此說只是推論，因為我們今天沒有任何資料說明劉肥寄養在曹姓女子家中。

劉邦稱帝後呂后與劉肥的關係，較諸初婚時期大有不同：

第一、曹姓「外婦」早已不構成對呂后的威脅。

沒有任何史料說明劉邦和曹姓「外婦」後來還有多少聯繫。劉邦是四十一歲左右與呂后成婚，四十六歲劉邦有了嫡長子劉盈，四十八歲起兵反秦。從此，劉邦與呂后分居長達六年多。

項羽封劉邦為漢王後，劉邦認識了一位能歌善舞的戚夫人。因此，此時威脅呂后地位的早已不是這位比呂后年長許多的曹姓「外婦」，而是年輕貌美的戚夫人了。

第二、呂后的后位為劉邦所封。

呂后的后位是劉邦所封。因此，精明的呂后當然不可能因為一個早已不成為威脅的曹姓「外婦」之子劉肥而與劉邦結怨。

但是，這並不表示呂后對劉邦看重劉肥毫無反應。劉肥封地太多，呂后是有意見的。後來，劉肥齊地三郡相繼被呂后用各種方法奪

項羽

去，正是呂后不滿的具體表現。只是劉邦在世、劉肥初封時，呂后沒有表現出來罷了。

呂后在未掌握國家大權之前，的確有她善良溫順的一面。

下地種田

據《史記．高祖本紀》記載：呂雉有了兒子、女兒之後，還要在田中幹活。有一天，一位老人經過呂雉幹活的田地，向呂雉要水喝。呂雉趕快給老人拿來水和食物。這位老人吃過、喝過以後，看了呂雉的面相，說：「夫人是天下貴人之相（老父相呂后曰：夫人天下貴人）。」

呂雉一聽，趕快讓兩個孩子過來。老人看了看惠帝，說：「夫人之所以有富貴相，正是因為這個兒子（令相兩子，見孝惠，曰：夫人所以貴者，迺此男也）。」

老人又看了呂雉女兒的面相，也說是貴人之相（相魯元，亦皆貴）。

老人為呂雉相面一事，是否為《史記．高祖本紀》神化劉邦之辭，我們姑且不論。但是，呂雉嫁給泗水亭長劉邦後還要種地耕田卻是確鑿無疑的。

呂雉婚後還得親自下田種地，顯示了呂雉勤勞持家的一面。

為夫入獄

劉邦做了泗水亭長後，負責往酈山押送服勞役者。但是，秦朝的徭役繁重、艱苦，常因服徭役而命喪他鄉。因此，許多被迫徵調服勞役者便逃亡以規避徭役。

某次押送酈山勞役，一路上不斷有人逃亡。劉邦心想，這樣下去，走到酈山人也跑得差不多了（高祖以亭長為縣送徒酈山，徒多道亡，自度比至皆亡之）。自己負責押送服勞役者，人都跑光了，自己也脫不了干係，肯定會受到秦法嚴懲。但是，自己又沒有辦法阻止

劉邦像

他們逃亡。

無奈之下，他乾脆在豐縣西邊的大澤中將剩餘還沒有逃的人全放了，並且說：「公等皆去，吾亦從此逝矣。」（《史記·高祖本紀》）劉邦這一說一放，反倒感動了十幾個不願逃的人，願意跟隨劉邦。劉邦就帶著這夥人跑到芒碭山（在今河南永城）落草為寇。

劉邦此舉顯示了他的造反精神。

劉邦身為亭長，押送酈山勞工，竟然放走勞工，自己逃亡，這當然為秦法難容。常言道：跑了和尚跑不了廟。劉邦可以一走了之，呂雉卻為此下獄。

監獄裡的生活歷來不好過，呂雉進了秦代沛縣的監獄也好不到哪兒。監獄中一大問題是獄卒對呂雉不禮貌，這非常好理解。獄卒對像呂雉這種階下囚肯定不會客氣，呂雉在獄中為劉邦究竟受了什麼罪，史書沒有記載；但是，沛縣監獄中有一個叫任敖的獄卒，平日和泗水亭長劉邦的關係很好。任敖看見獄卒虐待呂雉，一怒之下打傷了那個虐待呂雉的獄卒。這一來，沛縣監獄的獄卒再也沒有人敢欺侮呂雉了。

任敖打傷虐待呂雉的獄卒，說明呂雉在沛縣監獄中曾受過虐待。

自此之後，任敖成了呂雉的大恩人。呂后掌權時，任敖被任命為御史大夫。御史大夫是副丞相，位高權重。雖然，任敖的本事不大，只做了三年御史大夫就被免職了，但是，這對任敖來說，已經非常難得了。如果不是當年對獄中的呂雉出手相援，任敖不可能做到御史大夫一職。可見，呂雉還是一個知恩圖報的人。

劉邦犯事，呂雉坐牢，這是呂雉為劉邦做出的重大付出。

從史書記載來看，呂雉並沒有把這件事掛在嘴上，整天高叫著自己為劉邦吃過什麼苦，這顯示了呂雉深沉的一面。但是，呂雉的這種付出也為她日後執掌政權奠定了基礎。

呂雉為劉邦及劉氏家族做出了重大付出，那麼，秦朝的滅亡會不會改變呂雉的境況，使她不用繼續付出呢？劉邦與呂雉長期分隔兩地將會給呂雉帶來什麼影響呢？

一椿疑案

呂后一生中，有一件屢屢為後人所道的緋聞，即呂后和審食其的私昵關係。這件事《史記》記載得撲朔迷離、含糊不清，但後代卻流傳極廣。唐代著名詩人高適的〈辟陽城〉一詩甚至說，劉邦竟然還封審食其當辟陽侯，審食其與呂后不乾不淨，劉邦做為一代英主，竟然被呂后和審食其所欺（傳道漢天子，而封審食其。姦淫且不戮，茅土孰云宜。何得英雄主，返令兒女欺——《高常侍集》卷五）。那麼，呂后和審食其這樁緋聞的真相究竟如何？

呂雉歸漢

劉邦參加了三年反秦戰鬥，初步組建了自己的集團；漢二年四月，劉邦在還定三秦後，率領五十六萬大軍打到了西楚都城彭城。

此時的項羽正在齊地忙於平叛，劉邦趁虛而入，打進了西楚國都彭城。

劉邦此行的目的有二：一是消滅項羽集團；二是要接走他的父親、妻子、兒子、女兒。但是，劉邦到了彭城後，並沒有急著接親人，反而在彭城忙於接收項羽從秦朝都城帶來的美女、財寶。

項羽的主要謀士范增曾經評論劉邦：「沛公居山東時，貪於財貨，好美姬。」（《史記．項羽本紀》）劉邦打到彭城後的表現驗證了范增的評價：貪財好色。

等到項羽殺回彭城，劉邦才急忙派人去接家屬，但是，此時項羽也已經派人去找劉邦的家屬。劉邦的家屬擔心自己的生命安全，早已躲了起來。結果，劉邦手下沒有找到劉邦的父親和妻子，項羽的手下也沒有找到。

不僅如此，劉邦的家人還在忙亂中失散了。劉邦的父親和妻子從小路去找劉邦，結果正好遇上項羽的軍隊，成了項羽的俘虜，被迫成為人質。劉邦的兒子、女

漢馬王堆墓中的梳妝用品

兒幸運地遇到逃亡中的劉邦，儘管劉邦表現不佳，三番五次地踹他的兒子、女兒下車，但最終劉邦的兒子、女兒還是隨同劉邦逃了出來。

呂雉與劉邦之父太公卻從此在項羽的軍營中做了二十八個月的人質。

劉邦起兵反秦時，生死未卜，不帶妻子，情有可原。但是，從劉邦起兵到攻下彭城，這中間已經過了三年的反秦鬥爭和項羽分封後的一年半。按常理說，四年多未見妻子，如果兩人的感情親密，劉邦恐怕早早來接妻子了。但是，這位未來的漢高祖來到彭城，卻忙於接收當年他進入秦都咸陽時就垂涎三尺的秦宮中財寶和美女（當時因打不過項羽，眼睜睜看著項羽照單全收），為他坐過牢的呂雉早就被劉邦扔到一邊去了。應當說，劉邦打到彭城而沒有及時接他的父親、妻子，是劉邦的過失。

呂雉這次做人質原本是可以避免的。

從主觀上講，彭城與沛縣相距只有兩百里。如果劉邦認真看待接回分居四年半的妻子一事，理應不是件難辦的事。

從客觀上講，劉邦這次是與項羽第一次正面交鋒，他並不知道自己在軍事上絕對不是項羽的對手，也沒有料到自己會在彭城一敗塗地，敗得連接家屬都顧不上了。

還有一個重要原因是劉邦在漢元年被封為漢王，抵達漢中後，遇到了能歌善舞的戚夫人。兩人恩恩愛愛、如膠似漆。此時，劉邦已五十多歲了，戚夫人正當青春妙齡。

總而言之，由於劉邦自己安排不當，導致盼了四年多夫妻團圓的呂雉不但未能如願，反而成為項羽手中的人質。項羽雖然不會像沛縣獄卒一樣虐待呂雉，但是，對呂雉而言，內心的痛苦卻是顯而易見的。可是，史書沒有任何記載顯示呂雉對劉邦的怨恨。可見，呂雉對劉邦還是比較寬容的。

而且，呂雉在做為人質的兩年多時間內，還遇到了一件災難。漢四年，劉邦、項羽滎陽對峙時，無奈的項羽忽發奇想：以烹太公相威脅。項羽的目的是想藉此機會要脅劉邦，逼迫劉邦投降。劉邦不吃這一套，竟然嘻皮笑臉地對項羽說：「我和項羽都受懷王的命令伐秦，又結拜過兄弟；所以，我爹就是你爹，你要烹你爹，我也跟著一塊兒喝湯（吾翁即若翁，必欲烹而翁，則幸分我一杯羹——《史記·項羽本紀》）。」項羽大怒，要烹太公，幸虧項伯從中斡旋，項羽才未殺太公。這件事雖然史書記載的是殺太公，如果真的烹了太公，呂后能倖免於難嗎？絕對不可能！項羽一旦感到絕望——人質不能發揮威懾劉邦的作用，他豈能白白養著劉邦的老婆？

這場危機由於項伯相救，說了一番殺太公沒有任何作用、只能使兩家的仇結得更深之類的話，項羽才平息了怒氣。太公得以躲過一劫，呂后也因此得以逃過一劫。

這件事，史書沒有記載呂后有何反應。但是，呂后是當事人，事關她的性命，她豈能無動於衷？只是因為做為人質的呂雉此時不可能有任何作為，史書當然也不會有這方面的記載。

劉邦雖然在做漢王時已經對戚夫人寵幸有加，但是，劉邦可以不解決呂雉的問題，但他不能不想辦法解決其父做人質的問題。因此，劉邦與項羽在滎陽對峙了兩年多後，由於項羽軍糧短缺，不得不同意劉邦於漢五年十月提出的鴻溝議和。劉邦利用鴻溝議和的騙局，誘騙項羽放回了做了兩年零四個月人質的劉公和呂雉，然後撤兵。劉邦在得到被扣兩年多的老爸和老婆後，立即撕毀協議，追殺項羽。

但是，不管劉邦如何欺騙項羽，鴻溝議和終究使呂雉回到了漢營。呂雉對楚漢戰爭的貢獻是她為劉邦做了兩年零四個月的人質。

這是呂雉為劉邦做出的重大犧牲，也是呂后在劉邦死後執掌朝政的政治資本。

直面情敵

歷經磨難，回到丈夫身邊的呂雉卻發現劉邦身邊早已有了寵幸的戚夫人。「呂后年長，常留守，希見上，益疏。」（《史記．呂太后本紀》）

此時的呂后因為年齡長於戚夫人，常常做為留守，伴在劉邦身邊的多是那位年輕貌美的戚夫人。由於在此之前呂后和劉邦長期分居，呂后做為人質被釋回後仍然與劉邦分居，因此，呂后此時已經很難見到劉邦了。兩人的關係更加疏遠。呂雉必得直面情敵。

此時的呂雉年紀有多大？我們可以粗略地估算一下。

呂雉不足二十歲時嫁給劉邦，一年後生魯元公主，第四年劉邦起兵反秦離家，經過三年反秦、四年楚漢相爭，到鴻溝議和時，呂后才與劉邦重逢，離初婚已經十年。因此，此時的呂后應當不足三十歲。

這十年夫妻，呂雉和劉邦共同生活不到三年，劉邦就在芒碭山落草，接著是反秦三年、滅項四年。等到呂雉再回到劉邦身邊，劉邦不但有了新寵，而且又有了另一個寵愛的兒子劉如意（劉邦和戚夫人所生）。

不到三十歲的呂后此時只能默默地當一個「留守太太」。歷史上權勢顯赫的一代女主，在個人感情生活上並不如意。

當眾人抬頭仰望權傾天下的一代「女皇」時，誰能知道這位「女皇」有多少幸福感？劉邦寵幸戚夫人，恩恩愛愛；呂后從劉邦反秦開始，就與劉邦再無見面，七年後她才回到丈夫身邊，但是，她已經是「常留守，希見上，益疏」。

史書沒有記載此時呂后的心情，但是，呂雉為劉邦、為劉邦一家付出了那麼多，竟落了個留守太太的結局。她的內心還能那麼平靜嗎？她還能繼續保持溫順、善良的一面嗎？她的性格會朝什麼方向變化呢？

而且，七年獨守空房的呂雉的個人生活真的是一片空白嗎？

一樁疑案

不足二十歲的呂雉嫁給了一個四十一歲左右的泗水亭長，一年後得女，三年後得子，四年後劉邦離家，起兵反秦。而且，這一走，就是七年。年輕的呂雉長期處於獨守

漢殿論功（明劉俊繪）

空閨的痛苦之中。

那麼，呂雉這段獨守空閨的生活是否有人闖入過呢？

《史記．酈生陸賈傳》有一段記載：呂后非常寵幸辟陽侯審食其（音「意基」），有人在惠帝面前詆譭審食其。惠帝聽說後，十分震怒，立即將審食其下獄，想殺掉他。呂后知道審食其被捕，想出手相救，但是，心中羞慚，不能出面營救。大臣們平日早就怨恨審食其的飛揚跋扈，都想殺了他一解心中之怨（辟陽侯幸呂太后，人或毀辟陽侯於孝惠帝，孝惠帝大怒，下吏，欲誅之。呂太后慚，不可以言。大臣多害辟陽侯行，欲遂誅之）。

這段記載中的辟陽侯就是審食其。

所謂「幸呂太后」，是指審食其深得呂后的寵幸。史稱「呂太后」是因為呂后的兒子劉盈已即位為帝。

關於審食其得到呂后寵幸一事，其他史書亦有記載：

《漢書．楚元王傳》記載：劉邦離家參加滅秦戰爭時，讓他的二哥劉仲和審食其在家中照顧他的父親（高祖使仲與審食其留侍太上皇）。

可見，審食其原是劉邦的屬下，但是，在劉邦起兵反秦後，審食其和劉邦的二哥劉仲一直留在劉邦父親身邊，侍奉太公。呂雉和太公生活在一起，也與審食其有來往。太公、呂后被項羽扣為人質時，審食其以「舍人」（侍從）的身分陪伴呂后度過了兩年零四個月的人質生活。因此，審食其與呂后有此一段患難之交。

《史記．呂太后本紀》記載：呂后想廢掉礙手礙腳的右丞相王陵，於是升王陵為小皇帝的太傅，奪了王陵的相權。王陵明白呂后對自己是明升暗降，不讓他掌握實權，於是告病假回家休息。呂后將同意封諸呂為王的原左丞相陳平升為右丞相，讓辟陽侯審食其當了左丞相。審食其雖然當了左丞相，但是，卻不處理朝政，只負責太后宮中之事，類似郎中令。但是，審食其由於得到太后的寵幸，實際上主理朝政，公卿大臣們都得通過他來辦事（太后欲廢王陵，迺拜為帝太傅，奪之相權。王陵遂病免歸。迺以左丞相平為右丞相，以辟陽侯審食其為左丞相。左丞相不治事，令監宮中，如郎中令。食其故得幸太后，常用事，公卿皆因而決事）。

據《史記》記載，惠帝死後，呂后立了惠帝和宮女生的兒子當了皇帝，由她自己臨朝處理國家大政（稱制）。此時的呂后因為獨子病故，內心非常憂慮，開始謀畫分封自己的兄弟為王，以鞏固統治基礎。

右丞相王陵因為堅持劉邦的「白馬之盟」，不同意封諸呂為王，因此，被呂后移官。王陵原為右丞相，遭罷相後，呂后將同意封諸呂為王的陳平提拔為右丞相，而讓審食其做了左丞相。

審食其雖然當了左丞相，但卻不管朝政，只負責管理宮中之事。而且，因為審食其深得呂后信任，言事常常得到呂后的批准。因此，實際上審食其雖官位低卻比右丞相陳平還有權。漢代尚右，右丞相本應在左丞相之上。

所謂「毀」，是指此時有人將審食其的劣行報告了當朝皇帝惠帝。惠帝聽到後勃然大怒，立即下令將審食其下獄，並打算處死他。

《史記．酈生陸賈傳》的記載引發了呂后與審食其是否有私昵關係的疑案。有兩種通行的看法：

第一種看法是：這段記載表明了審食其與呂后的確有私情，甚至有人將審食其列為中國古代十大男寵之一。

理由有二：

第一、惠帝既然知道審食其是母后的寵臣，為什麼一定要置他於死地？

第二、呂后為什麼「慚」？為什麼不敢出面相救？

由於惠帝處死審食其是因為審食其與其母有私情，惠帝又無法處理他的母后，只得把全部怨氣發洩到審食其頭上。做為當事人之一的呂太后，雖然不會受到兒子的處罰，但是，這樁隱情由身為皇帝的兒子處理，仍然使呂后大為難堪。「呂太后慚，不可以言」八個字非常準確地傳達出此時呂后內心的尷尬。

第二種看法是：呂后僅僅是寵幸審食其，兩人並沒有私昵關係。

理由是：

第一、誰也不可能以太后與審食其的私昵關係狀告審食其；因為以此為理由告審食其不僅取證極為困難，而且，一旦查實，皇家臉面何在？

第二、審食其被告是另有取死之罪。由於罪大，無法赦免；呂太后也覺得無法出面講情，因此，「呂太后慚，不可以言」。但是，這種「慚」不是因兩人有私昵而慚，而是覺得審食其為患難之交，遭此重刑又不能相救而深感自慚。

第三、「大臣多害辟陽侯行，欲遂誅之。」說明眾大臣早就痛恨審食其，必欲置之死地而後快。這兩句話恰恰從反面說明審食其與呂后無私昵關係。如果審食其私昵太后，罪不至誅；縱有其事，臣下亦當為尊者諱，絕不至公然申行誅戮。

我覺得破解這樁疑案的關鍵在於兩點：

一是惠帝因何震怒，必置審食其於死地？

二是呂太后為何「慚，不可以言」？

審食其在反秦鬥爭中長期侍從太公，與呂后有較長時間的接觸；楚漢戰爭中與呂后又有過患難之交，因此，深得呂后信任。觀前文所講呂后罷免王陵而升審食其為左丞相，可知呂后是多麼寵幸審食其。

深得太后寵幸的審食其如果不能夾著尾巴做人，很難避免恃寵而驕、弄權犯法，獲取死之道。這應當是惠帝震怒、必置他於死地的主因。

雖然我們今天已經無法知道究竟是誰告了審食其，告了他什麼罪，但是，其罪名肯定不小，導致惠帝震怒。

太后之「慚，不可以言」，主要是因為審食其罪情嚴重，太后欲救不能。如果強行干預，恐有損太后名望。

審食其平日飛揚跋扈，得罪了不少當朝大臣。因此，當審食其被惠帝下獄治罪時，大臣們都希望審食其得到應有的懲罰，沒有人願意為他出面求情。

惠帝朝政的特點是惠帝與呂后都有很大的權力。惠帝是皇帝，處罰大臣是其職責；太后不能直接干預朝政，只能通過其子間接行事，而此事偏偏是其子震怒之下親自處理。呂后獨掌朝政是在惠帝下世之後。因此，眾人的不滿不會告到太后那兒，不等於沒人告到惠帝那兒。

一椿疑案中的兩位當事人，一位被抓，一位無法出面相救，審食其命懸一線。但是，在審食其被捕前發生的一件事，救了處境危險的審食其一命。

當時京城有一位叫朱建的人，非常善辯，口才極佳。而且，為人剛正不阿，非常受人尊崇。可以說，誰要是朱建的朋友，人們就會對他刮目相看。

審食其雖然得到呂后的寵幸，地位顯赫，但是，審食其也希望結交像朱建這樣的名士，提升自己的名望。

朱建雖然只是一介布衣，但是，朱建的人格魅力使他在京城中極有聲望。因此，身為辟陽侯的審食其多次想結交朱建，但是，朱建由於鄙視審食其的人品，始終不願見審食其。

權傾一時的審食其想結交朱建而遭到拒絕一事，被劉邦手下一位重要大臣陸賈知道了。陸賈是一介儒生，但是，陸賈曾為劉邦出使南越，陳說利害，使南越王尉佗歸順漢朝，立下殊功。因此，陸賈雖然是一介儒生，但卻深得劉邦的信任。

陸賈是朱建的密友，兩人平時交往頗為頻繁。朱建的母親去世時，因為朱建家中貧寒，連辦理喪事的錢都沒有，只好向親友借貸辦理喪服器物。

陸賈於是拜見審食其，一見面就祝賀他。審食其被陸賈祝賀得莫名其妙，便問陸賈：「我有什麼喜事？」陸賈說：「朱建的母親去世了。」審食其依然不懂，「朱建的母親去世怎麼向我道喜？」陸賈說：「朱建以前不見您是因為他母親在世。」當然，陸賈做為一個辯士，他這番話是在為朱建不見審食其另覓理由。陸賈接著說：「如今朱建的母親去世了，假如你置辦一套重禮，前去弔唁，那麼，朱建就可以為你效力了。」

審食其一聽，覺得這確實是個好機會，於是，審食其準備了一百金做為喪葬費，前往弔唁。由於審食其深得呂太后的寵幸，審食其前往弔唁並以重金相贈之事很快傳遍京城。住在京城的列侯、貴人紛紛前往弔唁。朱建因此得到了五百金的喪葬費。因為這件事，朱建和審食其的關係迅速得到改善。

不過，朱建平時標榜自己「行不苟合，義不取容」，但是，審食其這種人一送禮，他馬上就改變了自己的行事標準。看來，一個人要始終如一地堅持操守並不是一件簡單的事。朱建一生剛直不阿，因為母親喪事無錢操辦而接受自己平日看不起的審食其的饋贈，並因此與審食其相交，為審食其設謀，毀了一世英名。

可見，面臨義利之辨，確實難於抉擇！朱建如果選擇「義」，他斷然不能出手搭救審食其；如果朱建選擇「利」，那麼援之以手自是順理成章。

審食其命懸一線，審食其的家人趕快求朱建與審食其見一面。朱建自從母喪受了審食其的重禮，與審食其有了來往。接到審食其家人的緊急求援，立即拒絕，但是，朱建這樣做並不是因為他不願援手相救，而是覺得這樣做救不了審食其。但是，審食其並不知道朱建為什麼不見他，因此，非常惱怒，認為朱建忘恩負義。

朱建知道：這件案子的關鍵人物是惠帝。解鈴還需繫鈴人。於是，他立即拜見惠帝劉盈的一位男寵閎籍孺。朱建對閎籍孺說：「天下人都知道您深受惠帝的寵幸。如今辟陽侯審食其因為得到太后的寵幸而坐了大牢，大家都說是因為你在皇上身邊說了辟陽侯的壞話而使他入了獄。如果今天殺了辟陽侯審食其，明天早上太后就會一怒之下殺了你。你還不趕快為審食其向皇上求個情。皇上一向非常信任你，皇上聽到你為審食其求情，一定會赦免審食其。審食其一出獄，太后必定非常高興，也因此會非常喜歡你。皇上、太后都喜歡你，你想想你的富貴肯定會再翻一番。」

閎籍孺一聽朱建說天下人都認為是自己說了審食其的壞話，而讓太后的寵臣審食其入了獄，非常害怕，趕緊求見皇上，為審食其大大開脫了一番。

惠帝平日十分寵幸閎籍孺，一聽閎籍孺求情，便做了個順水人情，釋放了審食其。審食其開始因為朱建拒見，以為朱建背叛了自己，非常恨朱建。等他一出獄，知道是朱建設謀救了他，非常吃驚，也非常感謝閎籍孺。

朱建是位小人物，但在辟陽侯命懸一線之際，是他設謀相救，使審食其免於一死。歷史往往不太關注小人物，其實，小人物在關鍵時刻往往非常重要。

善良、溫順的呂雉，歷經了種種磨難，最終鞏固了自己的家庭地位。但是，呂后是如何在漢初政壇上嶄露頭角的呢？

初露崢嶸

誘殺韓信

漢五年十月，呂后歸漢，回到闊別七年之久的劉邦身邊；但是，此時的呂后發現，劉邦身邊早有了新寵——戚夫人，呂后和劉邦的關係進入了一個新時期。

呂后做了二十八個月的人質，回歸漢軍，根本原因是韓信占領齊地，並攻占了楚軍在山東南部、安徽北部的糧倉；斷糧的項羽被迫接受鴻溝議和，呂后才結束了兩年多的人質生活，回到劉邦身邊。

以此而論，韓信應當是呂后的恩公。

但是，韓信卻在漢十年被呂后所殺。

呂后為什麼要殺死自己的恩公韓信呢？

漢五年十二月，項羽戰敗自殺；當年正月，在韓信、黥布、彭越等人的共同擁戴下，劉邦在齊地定陶正式登基當了皇帝。

為了當皇帝，劉邦付出了很高的代價：將大片關東之地分給了韓信、彭越、黥布等人，以調動他們聯合消滅項羽。此時的劉邦雖然貴為皇帝，但是，大片關東之地並不直接在他的掌控之中。

劉邦實際上是與韓信、彭越、黥布共同享有天下，也就是「共分天下」（《史記・項羽本紀》）；「共分天下」的戰略是由張良提出，並經劉邦同意的，而且，非常奏效。

劉邦做了皇帝之後，還願意「共分天下」嗎？

當然不願意。因為「共天下」原本就不是劉邦的初衷。劉邦從骨子裡講是希望「家天下」，由他劉氏一家人獨自統治天下。

「共天下」與「家天下」的較量是從什麼時候開始的呢？

其實，在劉邦登基前就已經開始了，只是彼時劉邦為了消滅最主要競爭對手項羽，不得不採取這個權宜之計。「共天下」是多贏，「家天下」是獨占。做為楚漢戰爭最大的贏家，劉邦當然不希望自己的既得利益與他人分享——這是劉邦登上皇帝寶座後最大的願望。

既然如此，劉邦揮向開國功臣的第一刀砍向了誰呢？

韓信是楚漢戰爭中最出色的軍事家，是劉邦最終戰勝項羽最主要的軍事力量。因此，劉邦揮向功臣的第一刀非常明確地指向了韓信。

漢五年十二月，項羽自刎而死，劉邦帶領諸侯聯軍用項羽首級召降了項羽的封國

——魯。回到定陶，劉邦就來到韓信大營中，奪了韓信的兵權（還至定陶，馳入齊王壁，奪其軍）。直到韓信等人擁立他當了皇帝，劉邦才封韓信為楚王。第二年又藉口有人告韓信謀反，削去韓信的王位，改封韓信為淮陰侯，並讓他居住在京城達六年之久，但並未立即處死韓信。

既然劉邦沒有立即殺死韓信，為什麼後來又被呂后殺掉呢？

漢十年（前一九七）九月，陳豨叛亂。

陳豨原來是劉邦最信任的大臣，曾經受命監督趙、代兩國軍隊，統一領導北部邊疆的軍隊。但是，陳豨有個愛好，就是羨慕戰國時期信陵君的為人，愛養門客。有一次陳豨回京城探親，路過趙國的都城邯鄲，趙國相國周昌看見陳豨帶的賓客有一千多輛車，邯鄲的旅館都住滿了。

於是周昌向劉邦報告：陳豨的賓客非常多，而且長期在外獨自執掌兵權，恐怕會生變故。劉邦聽了之後，馬上派人調查陳豨。

劉邦對陳豨非常信任，為什麼聽到周昌的密報馬上就調查陳豨呢？

第一、劉邦本性多疑，當了皇帝後對異姓諸侯王尤其缺乏信任。

第二、劉邦對周昌非常信任。

劉邦的天下是韓信、彭越、黥布等人幫他打下來的，劉邦當皇帝是韓信、彭越、黥布等人擁立的，劉邦當了皇帝自然不能不封韓信、彭越、黥布等人為諸侯王。但是，劉邦的骨子裡是極不願意和韓信等人共分天下的。

我們在講述項羽時曾經提到過周昌，當劉邦騎在周昌的脖子上時問他自己是什麼樣的君主時，周昌說：「陛下迺桀紂之主也」（《史記・張丞相列傳附周昌傳》）。周昌這種貌似不敬的回答，給劉邦的深刻印象是直臣。所謂直臣，就是敢於講真話的臣子。因此，周昌在劉邦的眼中非常值得信賴。周昌懷疑陳豨謀反，劉邦也確信不疑。

劉邦派人調查陳豨的門客結果如何呢？

結果發現陳豨的門客中有人犯有不法之事，而且有些事還牽連到陳豨。

陳豨發現劉邦調查他了嗎？他怎麼做呢？

陳豨很快就發現劉邦在調查他。他的第一個反應是心裡非常害怕。心中害怕的陳豨馬上派人聯絡當年叛逃到匈奴的韓王信的部下，準備應對；實際上是被迫準備叛亂了。

劉邦的父親在高祖十年（前一九七）七月病故，劉邦派人召陳豨進京陪祭。

劉邦召陳豨進京，真的是為了父喪嗎？陳豨敢去嗎？

陳豨與劉邦關係非同一般，他非常了解劉邦，他當然不敢去，便推說自己病重，無法行動。

劉邦又是調查陳豨、又是召陳豨進京，動作這麼大，陳豨怎麼應對呢？

高祖十年九月，陳豨造反。

陳豨造反和韓信有何關係呢？

陳豨一反，馬上有人密告韓信與陳豨聯手造反。

此時，劉邦在前線平叛，鎮守關中的是呂后。呂后聽說自己的恩公韓信造反，她相信嗎？她怎麼做呢？

呂后第一個想法就是召見韓信，但是，又怕韓信不來，於是採納蕭何的意見，以陳豨已被誅為名要百官進宮朝賀，韓信被蕭何誘騙進

斬韓信（選自《新刊全相平話前漢書續集》）

宮中後，呂后在長樂宮鐘室內殺死了韓信。

韓信謀反了嗎？歷來爭議很大。司馬遷《史記・淮陰侯列傳》的記述既有韓信謀反的敘述，也有韓信沒有謀反的記述。我們暫且置而不論。

問題是呂后為什麼這麼迅速地處死韓信呢？她報告劉邦了嗎？劉邦知道她殺了韓信做何反應呢？

誣殺彭越

彭越是劉邦消滅項羽集團中對劉邦直接幫助最大的功臣，他在劉邦滅項的過程中主要做了三件大事：

第一、漢三年五月，彭越攻打楚將項聲、薛公於下邳，大破楚軍，斷絕楚軍糧道；迫使項羽回援，導致劉邦乘機一奪成皐。

第二、漢四年十月，彭越在劉邦派來的劉賈幫助下，攻破睢陽、外黃等十七城，迫使項羽回援，劉邦乘機二奪成皐。

第三、漢五年十二月，彭越與劉邦、韓信會合，於垓下戰敗項羽。

這三件大事對劉邦來說極為關鍵。

依照彭越所立之功，劉邦滅項受彭越之益最大也最直接，因此，彭越理應是劉邦名列第二的大功臣。

劉邦、彭越的關係為什麼在短短五年後就迅速惡化了呢？

漢十年，陳豨在代地叛亂，劉邦親自出征，並向梁王彭越徵兵參戰。彭越稱病不能參加，只派了手下的將領帶兵參戰。

劉邦對彭越不奉詔助戰非常惱怒，派人責備彭越——兩人的關係迅速惡化。

劉邦為什麼對彭越不奉詔助戰這件事看得這麼重呢？彭越為什麼不親自帶兵參戰呢？

劉邦看重的是自己這個皇帝在彭越心中到底有多重的分量。因為，這關係到彭越是否會忠於自己。

彭越沒有親自出征的主要原因是：彭越並沒把這件事當回事。

彭越為什麼沒有把劉邦徵兵一事當回事呢？

彭越之所以敢這樣做，是因為漢五年劉邦邀他出兵合圍項羽時，他曾有過拒不出兵的先例。

那一次彭越根本沒有動，這一次彭越已經派兵參戰，只是自己沒有親自參加。為什麼合圍項羽時彭越不參戰，劉邦不但不處罰彭越還要加封他土地呢？為什麼這一次出征陳豨，彭越雖然未親自出戰但還是派了兵，劉邦卻非常惱火呢？

項羽未滅之前，劉邦對彭越有怨氣而不敢發洩，因為，項羽未滅亡前，劉邦必須要利用彭越去消滅項羽。因此，劉邦對彭越的不聽指揮無可奈何，只能採取加封土地的手法，誘使彭越參戰。

項羽被滅之後，彭越對劉邦來說已經毫無使用價值，剩下來的只有彭越對劉邦的威脅。如果彭越活得比劉邦久，那麼彭越還可能會威脅到漢惠帝劉盈。因此，彭越和劉邦的關係在項羽被消滅後已經走到了歷史的分歧點。

彭越想到這一點了嗎？

彭越做為一位江洋大盜出身的悍將，考慮問題顯然沒有如此周密。因此，彭越仍採用當年徵兵合圍項羽時的老辦法，當然比起當年這一次他已經做得好多了。當年根本不理睬劉邦，現在畢竟還派兵參戰，只是沒有親自出征而已。

彭越得知劉邦震怒之後，心裡很害怕，想親自前去解釋。他的部將扈輒勸他不要上

誅殺彭越（選自《新刊全相平話前漢書續集》）

門送死，不如起兵反叛，彭越不同意。恰巧此時梁國太僕有過失，彭越想殺他，他便逃到劉邦那裡告彭越與扈輒謀反。於是劉邦派人前往梁國逮捕彭越，彭越在沒有任何叛亂準備的情況下被劉邦輕易地逮捕。法官奏報彭越已經準備叛亂，請求處理。劉邦赦免了彭越，只是將他免為普通百姓，並流放到蜀地的青衣縣（今四川名山縣）。

劉邦這一作法仍然是他殺戮功臣的一貫作法：一步一步到位。劉邦並不急於一步到位地處死彭越，這主要是出於策略上的考量。

彭越西行走到鄭地（今陝西華縣），剛好遇見呂后從長安東來，準備去洛陽。彭越趕忙向呂后哭訴自己的冤情，表示不願意被流放到蜀地，想回到家鄉昌邑（今山東巨野縣）。呂后表示願意幫忙，便將彭越帶了回來。

彭越為什麼會向呂后哭訴自己的冤情呢？

第一、無政治頭腦。

楚漢戰爭中，彭越在項羽的後勤供應線上採用機動作戰的方法，多次斷項羽楚軍糧道，打得有聲有色。彭越的游擊戰，是中國軍事史上最早的游擊戰。但是，彭越畢竟只是一位偏才，一位只具軍事才能而沒有政治遠見的政治家。

彭越還不及韓信，韓信死前還認識到兔死狗烹、鳥盡弓藏的道理，彭越連這都不懂。這和彭越江洋大盜的出身有關。

第二、不了解呂后。

呂后在整個反秦、反項的鬥爭中從未出過頭露過面，彭越明顯沒有認識到呂后的可怕。

答應幫助彭越的呂后見了劉邦會為彭越求情嗎？

呂后見到劉邦說：「彭越是一條好漢。如果現在把他流放到蜀地，這是放虎歸山，不如趁此機會殺了他。所以，我把他帶來了。」

劉邦如何回答呂后的話，《史記》、《漢書》都沒有記載，但從最後殺彭越看，劉邦批准了呂后的建議。

這足以證明劉邦確有殺彭越之心，否則，呂后的建議絕不可能獲得劉邦批准。

於是，呂后命令彭越的門客告彭越謀反，司法官判彭越滅族，劉邦批准了這個決定，彭越被滅三族。

據《史記．黥布列傳》所載，劉邦殺了彭越之後，還將彭越的屍體製成肉醬，分給天下諸侯食用，以警示天下。

尚未叛亂的黥布接到用彭越屍體做成的肉醬，非常緊張，立即部署軍隊，觀察鄰郡的動靜（大恐，陰令人部聚兵，候伺旁郡警急）。

在彭越傳中，司馬遷明確記述了彭越沒有叛亂。所以，漢初被殺的功臣中彭越的冤情最明顯。所以，司馬遷在彭越的傳記中對他的冤情記述得也最詳細。

呂后為什麼敢如此大膽地殺韓信、彭越這些開國功臣呢？

第一、劉邦稱帝後對功臣的極度猜忌。

貌似大度，內藏猜忌。劉邦給人的印象是寬容大度的，但是，劉邦的大度只是一種表象，劉邦的內心時時懷著對所有功臣深深的猜忌，只是含而不露而已。

劉邦對異姓諸侯王早就心存戒備。所謂「共分天下」不過是權宜之計、無奈之舉。這和劉邦骨子裡存在的「家天下」形成了必然性的衝突。

因此，變「共分天下」為「家天下」是劉邦的既定方針，是不可逆轉的歷史趨勢。

所以，劉邦除掉異姓諸侯王只是時間問題。而且，他所除掉的異姓諸侯王又必然是滅亡項羽時立功最為卓著的韓信、彭越、黥布等人。

劉邦與呂后是結髮夫妻，雖然劉邦起兵反秦後，呂后與劉邦分隔七年，但是，劉邦深知其妻的為人。

因此，我們有充分的理由相信：劉邦深知其妻，原因只有一個，他是呂后的丈夫，長期的相處使他深知呂后的為人。

同理，呂后也一定深知劉邦對開國功臣的嫉恨，因為她是劉邦的妻子，長期相處也使她深知劉邦的為人！

這正是呂后敢於不經請示就處死韓信的基本判斷！

如果呂后不知道劉邦在滅了項羽後對韓信的嫉恨，就是借給她一千個膽兒她也不敢殺韓信。韓信是開國功臣，又曾經做過劉邦的大將軍，呂后豈敢造次！

因此，誅殺韓信，表面看來是呂后殺功臣，其實，呂后只是替劉邦做了想做而尚未付諸行動的事。

劉邦得知韓信被呂后所殺後，果然絲毫沒有責備呂后，更沒有處罰呂后，這就證明呂后的判斷是準確的。〈淮陰侯列傳〉記載此事時寫了這樣一個細節：

> 高祖已從豨軍來，至，見信死，且喜且憐之。

劉邦第一反應是高興，因為呂后到底為自己除掉了一個心腹大患；其次才是哀嘆韓信的命運。

這一細節還說明呂后擅自做主殺了韓信後，並沒有馬上向劉邦報告，而是等劉邦平定陳豨叛亂回京後才知道這件大事。

呂后的膽子多大啊！

事前不請示，事後不彙報。呂后倚仗的就是她對劉邦嫉恨韓信的深刻了解，她知道殺了韓信沒事！

我們可以想一想，為什麼呂后那麼嫉恨戚夫人但卻不敢像殺韓信一樣處死戚夫人呢？

因為她知道要是在劉邦在世時殺了劉邦最寵愛的戚夫人，劉邦絕不會饒她！她敢殺戚夫人，劉邦就敢殺她。同樣，呂后也絕不敢在劉邦在世時殺趙王劉如意。因此，呂后殺趙王劉如意、殺戚夫人只能等到劉邦去世後才能做。

可見，呂后殺韓信其實是代劉邦殺功臣，這筆帳不能只算在呂后身上，劉邦絕對脫不了干係！

劉邦對他所忌恨的開國功臣的處理，一向不是一步到位，而是一步一步到位。

項羽死後，他首先奪了韓信的齊王，但是，仍改封為楚王。齊王韓信的兵權太大，必須立即處理。楚王韓信的兵權小得多，所以可以允許存在。誘捕楚王韓信後，他並沒有將韓信一棍子打死，只是將韓信降為淮陰侯，放在京城，削去軍權，留待以後再做處理。

這就是劉邦式的處理辦法！

處理彭越也體現了劉邦這種一步一步到位的獨特方式：劉邦只是將彭越由梁王流放到蜀地，並沒有立即處死彭越。

但是，呂后不一樣，呂后的處理方式是一步到位、直奔主題。所以，劉邦將彭越放逐蜀地，呂后卻將彭越從流放途中帶回來，一步到位地處死了彭越。

殺韓信，對呂后而言，是小試牛刀。處理彭越，她已經是越俎代庖了。她的膽子是愈殺愈大，愈殺心愈黑。

劉邦倒也樂見其成，反正是處死那些讓他內心不安的功臣，由呂后直接操作，讓呂后承擔殺功臣的惡名，比自己承擔這個惡名更好。所以，劉邦對呂后處死韓信沒有一點責怪。他只關心被冤殺的韓信臨死前說了什麼，以便除掉當年鼓動韓信叛漢的蒯通。

同樣，劉邦對呂后要求一步到位地處死彭越也沒有表示反對，他同樣樂得呂后在歷史上替自己承擔殺彭越的惡名。

劉邦對韓信、彭越沒有一步到位地殺掉，並不代表劉邦為人寬容。因為劉邦從來不是一個寬容的人，他的寬容只是一種策略、一個表象。

劉邦對項羽寬容嗎？不！漢四年的鴻溝議和，劉邦是同意的。張良、陳平勸他乘機除掉項羽，劉邦何嘗沒有想到乘機除掉項羽呢？此時已不是鴻門宴之時了，劉邦控制了整個黃河以北的土地，黥布、劉賈也控制了安徽的大部，劉邦已經完成了對項羽東、西、南、北四方面的戰略包圍。劉邦此時絕對不會放過項羽。這種情況下劉邦同意項羽中分鴻溝的計畫，目的只有一個，就是利用議和讓項羽放回他的父親和呂后。

單純的項羽在劉邦同意議和後立即釋放了劉邦的父親和呂后，劉邦卻虛晃一槍，在項羽釋放了其父其妻後，撕毀協議，追殺項羽。據史書記載，此事是張良、陳平的建議。其實，這與讓呂后出面殺韓信、殺彭越一樣，劉邦和張良、陳平的意見肯定是一致的。只不過劉邦這次是讓張良、陳平承擔了背信棄義的罪名。

第二、呂后對「後劉邦時代」政治局面的顧忌。

呂后在殺韓信、殺彭越時表現得比劉邦更積極、更主動，力主一步到位。其中，除了因為呂后不贊成劉邦一步一步到位的處事方式外，還有更深一層的原因，那就是呂后還顧忌到劉邦百年後「後劉邦時代」的政治局面。

劉邦一生征戰，多次受傷。比較嚴重的有兩次：

漢四年劉、項滎陽對峙時，劉邦被項羽一箭射中胸部。

漢十一年黥布被逼反時，劉邦曾經因傷而不打算親征。他親征黥布時又受箭傷。

漢十二年，劉邦已經因傷病危，拒絕治療。

此時的呂后向劉邦詢問繼承蕭何的相國人選。

劉邦說曹參可繼任。呂后又問曹參之後的人選，劉邦說王陵、陳平可繼任，並選周勃任主管軍事的最高長官太尉。呂后又問這以後的人選，劉邦說：「這以後的事妳也不用問了。」

呂后對劉邦的健康狀況，以及劉邦死後重要人事安排的高度關注，說明呂后比劉邦更關注「後劉邦時代」如何駕馭開國功臣這一重大問題。

第三、劉邦對呂后外戚派的有意扶持。

劉邦晚年利用呂后除掉了韓信、彭越兩位最著名的開國功臣，目的之一即是有意培植呂后一黨的勢力。

劉邦深深懂得權力制衡的道理。

宋人呂祖謙說：「存呂后為有功臣，存功臣為有呂后，此高祖深意也。」（《大事記》）呂祖謙的話有一定的道理，但仍不深刻；劉邦對呂后絕不僅僅是存，而是刻意扶植。

當時朝中有劉氏宗族派、功臣元老派和呂氏外戚派三派勢力。功臣元老派是在滅秦、滅項戰爭中自然形成的，雖然經過異姓王的由封到除，功臣元老派勢力大大受損，但是，仍然有相當強的實力。

劉氏宗族派主要是劉邦分封的諸子。他們被分封時大多年齡較小，尚未形成一股強大的勢力，但是，他們是正宗的皇權繼承人，政治上占有極大優勢。

呂后外戚派在劉邦去世前還沒有形成一股強大的勢力，在

誘殺韓信

三派之中，力量較小。

劉邦不想讓功臣元老派的勢力過強過大，也不想讓呂氏外戚派的勢力過強過大，因此，利用呂氏外戚派和功臣元老派的相互制衡，才能最大限度地坐收漁翁之利，保住劉氏江山的代代相傳。

因此，劉邦利用呂后殺戮韓信、彭越的過程，也就是有意培植呂后外戚派的過程。所以，呂后殺戮開國功臣不僅是做了劉邦想做而尚未做完的事，更重要的是在劉邦的扶植下形成了能夠抗衡功臣元老派的呂氏外戚派。

呂后外戚派的惡性膨脹當然會招來功臣元老的反對，但是，正是有功臣元老的反對，呂后外戚派的勢力也會得到有效的遏制。

所以，漢代初年呂后外戚派和功臣元老派之間的鬥爭，是劉邦刻意扶植的結果。

呂后在剪除功臣元老派的鬥爭中崛起政壇，初露崢嶸，殺害了開國功臣韓信、彭越；已經高高舉起屠刀的呂后還會向誰揮舞屠刀呢？

廢立之爭

呂雉原本是一個溫順聽話的女兒、善良賢慧的繼母、勤勞持家的主婦、任勞任怨的妻子。但是，在劉邦去世後，呂后對待戚夫人和劉邦的愛子劉如意卻表現得非常殘酷。呂后與戚夫人到底有多大的深仇？是什麼原因導致她由一位善良賢慧的女子變成了一個令人髮指的女魔頭？

戚姬得寵

劉邦起兵反秦是在秦二世元年（前二〇九）九月陳勝、吳廣起兵反秦之後，當時劉邦手下只有兩、三千人，屬於小股反秦武裝；後來還是項梁給了他五千士兵，劉邦才得以站住腳。此時，生存問題壓倒一切，劉邦無暇他顧。

秦二世二年（前二〇八），劉邦忙於征戰，得到戚夫人並常侍身邊的可能性也不大。秦二世三年（前二〇七），劉邦攻入關中。這三年，劉邦最迫切的需求是生存，要他革命生產兩不誤，既與秦軍作戰，又不忘尋找美女，恐怕很難。

漢元年（前二〇六），劉邦被封為漢王，社會地位大大提高，生活也相對穩定。

因此，劉邦得到戚夫人可能性最大的應當是在漢元年被封漢王之後。《史記・呂太后本紀》記載：「高祖為漢王，得定陶戚姬。」定陶，即今山東定陶縣。

戚夫人遇到劉邦後深得劉邦寵愛，劉邦對戚夫人的寵愛究竟到了什麼程度呢？「商山四皓」曾說過一段話：

今戚夫人日夜侍御，趙王如意常抱居前，上曰：終不使不肖子居愛子之上，明乎其代太子位必矣。（《史記・留侯世家》）

戚夫人是「日夜侍御」；其子趙王劉如意是「常抱居前」；劉邦公開揚言「終不使不肖子居愛子之上」。

「不肖子」，不像自己的孩子。「肖」，像。今天我們還常用「不肖之子」一詞。與「不肖子」相對立的是「愛子」。劉邦稱太子是「不肖子」，是對太子極度不滿；稱劉如意為「愛子」，是對劉如意的極度喜愛。可見，這種親密關係非比尋常。

御史大夫周昌某次進宮，正趕上劉邦喝酒，劉邦是一邊吃飯、一邊擁抱著戚夫人：

昌嘗燕時入奏事，高帝方擁戚姬。（《史記．張丞相列傳附周昌傳》）

「燕」，就是「宴」，也就是進餐。劉邦這皇帝也挺逗，一邊吃，還能一邊抱著戚夫人，真不知劉邦是用哪隻手抱、哪隻手拿筷子？周昌也真沒眼色，怎麼能闖到這種地方彙報工作？

這兩條記載，說明劉邦和戚夫人的關係非常親密。而且，這兩件事都發生在劉邦當了皇帝之後。劉邦本愛美女，做為一個泗水亭長，當然不能滿足他這方面

漢代舞人

的要求。但是，做了皇帝後，劉邦身邊美女如雲，但是，戚夫人卻能專寵後宮。

劉邦為什麼對戚夫人如此喜愛呢？

年輕、美貌，這是不言而喻的兩個因素；但是，在貴為天子的皇宮中可謂美女如雲，在如此眾多的競爭者之中戚夫人為什麼能夠勝出呢？

高帝令戚夫人歌〈出塞〉、〈望歸〉之曲，侍婢數百，皆為之後宮齊唱，聲入雲霄。（《太平御覽》卷五七二引《西京雜記》）

這是戚夫人領唱，數百宮女齊唱，表現了戚夫人的善歌。

戚夫人善為翹袖折腰之舞。（《海錄碎事》卷十六「翹袖舞」條引《西京雜記》）

「翹袖」，是甩袖，跳長袖舞。「折腰」，是形容舞蹈時細腰婀娜。這是寫戚夫人善舞。

戚夫人善鼓瑟，擊筑。（王士禎《香祖筆記》卷七引《西京雜記》）

「瑟」、「筑」，都是樂器。寫戚夫人善樂器。

因此，與僅有美麗而無才藝的後宮美女相比，戚夫人善歌、善舞、善樂器，因此，她是功夫嬪妃、才藝嬪妃，這是其他嬪妃絕對不能相比的。這是一方面。

另一方面，劉邦本人酷愛楚歌，還會作詞、演唱、跳楚舞。漢十二年十月，劉邦平定了黥布的叛亂，回朝路經家鄉時，特意留下與家鄉父老相聚。並專門挑選了一百二十名家鄉青年，親自教他們唱自己的新作〈大風歌〉。劉邦自己擊筑、演唱，讓精心挑選的一百二十名年輕人唱和。高興之時，劉邦還親自跳起楚舞，並流下了眼淚。

十二年，十月，高祖已擊布軍，……布走，令別將追之。高祖還歸，過沛，留，置酒沛宮。悉召故人父老子弟縱酒。發沛中兒得百二十人，教之歌。酒酣，高祖擊筑，自為歌詩曰：「大風起兮雲飛揚，威加海內兮歸故鄉，安得猛士兮守四方！」令兒皆和習之。高祖迺起舞，慷慨傷懷，泣數行下。（《史記．高祖本紀》）

這首歌就是著名的〈大風歌〉。這是大喜之時，劉邦以楚樂、楚歌、楚舞宣洩內心的喜悅。

在家鄉歡聚完，劉邦回到京城。因為此次平定黥布叛亂受的箭傷較重，劉邦自知生命不永，便加緊了廢長立幼的進程。可是，在一次有太子參加的酒宴上，劉邦竟意外地發現了自己多次請都請不來的「商山四皓」。劉邦大驚，誤以為公議不在戚夫人一邊，遂放棄了多年來廢長立幼的想法。馬上指著「商山四皓」對戚夫人說：「我想變更太子，但是，太子已經有了他們四個人的輔佐，羽翼豐滿，已不可動搖了。」

百感交集的劉邦讓戚夫人跳起楚舞，自己又唱了一首著名的〈鴻鵠歌〉，而且，反覆唱了多遍：

召戚夫人指示四人者曰：「我欲易之，彼四人輔之，羽翼已成，難動矣。呂后真而主矣。」戚夫人泣，上曰：「為我楚舞，吾為若楚歌。」歌曰：「鴻鵠高飛，一舉千里。羽翮已就，橫絕四海。橫絕四海，當可奈何！雖有矰繳，尚安所施！」歌數闋。（《史記．留侯世家》）

這是大悲之時，劉邦以楚歌宣洩悲情。

無論是大悲還是大喜之時，劉邦都以楚歌、楚舞表達自己的情懷，可見，劉邦對楚歌、楚舞的癡迷程度。

劉邦會擊筑、作詞、唱楚歌、跳楚舞，戚夫人恰恰是這方面最優秀的演奏家、作曲家、歌唱家、舞蹈家。戚夫人所擅長的歌、舞，又是劉邦最喜愛的楚歌、楚舞，兩人可謂笙磬同音、珠璧聯合——這才是戚夫人深得劉邦寵愛的真正原因。

挑戰皇后

戚夫人在得到皇帝寵愛的同時，也面臨著極為嚴重的人生選擇：一是恃寵挑戰皇后；二是自抑服從皇后。

漢代皇帝的正妻是皇后，其餘嬪妃只是姬妾。在皇宮中，皇后是君，嬪妃是臣，嬪妃的地位根本無法和皇后相比。但是，皇后的地位並非一成不變，皇后隨時隨地都面臨著其他嬪妃的挑戰。

因為，儘管皇后在宮中是君，但是，皇后的位置是由皇帝冊封的，因此，也可以由皇帝撤封，改立其他嬪妃為皇后。漢代皇宮中數立數廢皇后之事，並非一帝。

由於皇后的崇高地位對嬪妃來說具有巨大的誘惑，所以，嬪妃得寵後往往試圖挑戰皇后。一旦成功，自然可以爬上權力的顛峰；一旦失敗，也會遭到滅頂之災。但是，挑戰皇后成功所帶來的巨大利益，讓不少得寵嬪妃都選擇了挑戰皇后之路。儘管這種選擇具有極大的風險，但是，利益的驅動還是使一些嬪妃踏上這條不歸之路。

戚夫人最終成為漢代第一位挑戰皇后地位的嬪妃。

> 孝惠為人仁弱，高祖以為不類我，常欲廢太子，立戚姬子如意，如意類我。戚姬幸，常從上之關東，日夜啼泣，欲立其子代太子。呂后年長，常留守，希見上，益疏。如意立為趙王后，幾代太子者數矣。（《史記．呂太后本紀》）

這是一段非常重要的記載。

第一、皇太子劉盈「不類我」。

當戚夫人日益受到劉邦的寵幸時，劉邦和呂后的兒子劉盈長大了，但是，劉邦發現，劉盈為人太善良，太不像自己。這是劉邦打算廢掉惠帝劉盈的一個重要原因，劉盈的性格軟弱與劉邦剛毅果決差別太大，非常不像自己。所謂「不類我」，就是前文所說的「不肖子」。「類」、「肖」，意思相同，都是「像」。

第二、劉如意「類我」。

劉邦認為戚夫人所生的劉如意在性格上與自己非常相似。因此，劉邦廢劉盈、立劉如意的念頭愈來愈強烈。

第三、戚夫人得寵挑戰皇后。

劉邦與呂后雖為結髮夫妻，但是，劉邦與呂后的關係更多地體現為一種政治夥伴關係，而非情侶關係。維繫兩人關係的紐帶是共同維護漢朝江山的傳承，因此，在殺戮功臣時他們兩人配合得非常有默契。他們的關係偏向一種理智的選擇。戚夫人卻是經常伴隨在劉邦身邊。

劉邦和戚夫人的關係是一種情侶關係。劉邦對戚夫人的喜愛帶有較多愛情色彩，而非政治色彩。他們的關係偏向一種感情的選擇。

第四、呂后失寵。

更重要的是「呂后年長」，常常被劉邦安排為「留守」，不能伴隨在劉邦身邊，很少能見到劉邦。所以，在廢立太子一事中，呂后是失寵皇后；雖然呂后在後宮的地位比戚夫人高得多，但是，戚夫人正得寵，呂后正失寵。呂后地位雖高，但是，其地位是由比自己更有權勢的皇帝劉邦冊封的。所以，一旦太子易人，呂后的皇后地位也難確保。

總之，劉邦易位太子一事，確有感情因素：一個是得寵的戚夫人，一個是失寵的呂后。但是，劉邦易位太子也有理性因素：皇太子「不類我」，終難掌控劉邦之後的朝廷政局，導致皇權旁落；劉如意「類我」，有能力掌控朝廷大局，不至於導致皇權旁落。

因此，劉邦的廢長立幼是理智和感情雙重因素共同作用的結果。

而且，劉邦愈近晚年，愈意識到自己生命不永，愈對皇太子的人選問題更為關注。

史書中明確記載廢太子、立趙王時間的僅有兩條：

漢十二年，高祖欲以趙王如意易太子。（《史記·劉敬叔孫通列傳》）

漢十二年，上從擊破布軍歸，疾益甚，愈欲易太子。（《史記·留侯世家》）

劉邦恰恰是在漢十二年因平定黥布叛亂受箭傷後去世的，可見，劉邦臨終前，對易太子之事尤為關注。因為此時不行廢立之事，對劉邦來說，已經沒有機會了。

呂后應戰

劉邦廢太子之事引發了兩方面的強烈反應。

首先做出強烈反應的是朝中大臣。

張良、周昌、叔孫通等朝中大臣都堅決反對廢長立幼。

其中，叔孫通於漢十二年勸阻劉邦廢立太子時的一番話最具代表性：

太子天下本。本一搖天下振動。奈何以天下為戲！（《史記・劉敬叔孫通列傳》）

叔孫通此時的官位是太子太傅，即太子的老師。叔孫通為什麼認為太子是「天下本」？因為，太子是儲君、是後備君主。一旦開了廢長立幼的先例，對整個君主繼承制度是巨大的破壞。

以叔孫通為代表的朝臣們看重的正是制度治國，他們認為：一旦制度遭到破壞，後果不堪設想。

張良、周昌等大臣的反對皆緣於此。

廢長立幼歷來是國之大忌：皇帝多子，皇權巨大，皇子爭奪皇權是必然的。歷代皇帝在這一問題上都非常犯難，弟弒兄，子弒父，勾結大臣，交通宦官，製造假相，可以說皇子爭當皇帝是無所不用其極。因此，歷代帝王、大臣也對此絞盡腦汁，採取對策。

任用三傑：蕭何、張良、韓信（選自明刻本《帝鑑圖說》）

在種種對策中，嫡長子繼承制最終勝出。為什麼呢？

一是保證國有長君。

二是杜絕皇位之爭。

古人常云，「國賴長君」。「長君」，是年長之君。「長君」一般閱歷豐富，能夠處理比較複雜的國事。人非天才，必須要有實踐、有閱歷，「長君」的優勢正在於他有閱歷。

一個王朝如果能夠靠規則、制度行事，而不是靠某個國君的個人好惡行事；這個王朝就會穩定得多。因為，靠規則、制度行事，實際上是按法制辦事；僅靠某個國君的個人好惡行事，較帶有人治色彩。對一個王朝來說，法治顯然比人治更穩定。

當然，嫡長子繼承制雖然是祖宗成法，帶有一定程度的法制色彩，但是，嫡長子繼承制有時也會遭遇尷尬局面——嫡長子年幼與嫡長子無能。

關於嫡長子年幼的問題我們以後再講。劉邦遭遇的尷尬局面是嫡長子無能。

嫡長子繼位是硬規則，但是，嫡長子無能卻不能更換，這就是劉邦遭遇的尷尬局面。這種現象，其實是封建帝制規定的父死子繼制的死穴！在封建政體下，這一死穴根本無法破解。要麼承認一個不適合做帝王的嫡長子繼位，要麼廢掉不適合做帝王的嫡長子，而另選一個合適的人選——廢昏立明、廢弱立強。但是，這種廢掉嫡長子另選繼承人的問題，又違背了嫡長子繼承的規則。

封建制度下的嫡長子繼承制的不合理性在此得到了充分的體現。但是，相對而言，嫡長子繼承制的優越勝過缺陷。因此，嫡長子繼位這一規則在歷代王朝中最受重視。因為，這一規則的可操作性最強，人為干擾的因素最弱。

歷史上廢長立幼帶來紛亂的不乏其例。晉惠公聽信驪姬之惑，殺太子申生，導致國家混亂三世。三國時劉表廢長子劉琦，而立幼子劉琮，導致兄弟反目。袁紹廢長立幼，導致兄弟相爭。曹操在曹丕、曹植之間的艱難抉擇導致兄弟相殘。到了清代，甚至不敢在老皇帝生前公布太子，只好在「正大光明」匾額後預儲遺詔。

另一個做出強烈反應的是此事的最大受害者呂后。

> 上欲廢太子，立戚夫人子趙王如意。大臣多諫爭，未能得堅決者也。呂后恐，不知所為。（《史記・留侯世家》）

從「呂后恐，不知所為」七個字可知，呂后最初得到這個消息時，非常震驚，不知道如何處置。

呂后「恐」在何處？

一是非常擔心兒子的皇帝之位。

二是非常擔心自己的皇后之位。

前者是奪嫡，後者是奪夫。因此，戚夫人既是情敵，又是政敵。

無論是奪嫡，或者是奪夫，都超過了呂后能夠容忍的底線。因此，呂后絕對不會坐以待斃。后妃之爭勢在必行。

戚夫人的專寵已經使自己失去了丈夫，但至少還保留皇后之位；劉如意如果立為太子，就意謂著兒子失去了皇帝之位，自己也將失去皇后之位。

因此，易位太子是帝位與后位的雙重競爭。

但是，此時的呂后經過多年艱苦生活的歷練，早不是尚未出閣時溫順聽話的乖女兒，她已經成熟了。

呂后在短暫的驚恐之後，並沒有坐以待斃，而是積極應對，維護自己的利益。她針對性地做了兩點：

一是密切關注。

所謂「密切關注」就是關注事態的發展。《史記．張丞相列傳附周昌傳》記載了有關呂后「跪謝周昌」的故事。周昌是劉邦任泗水亭長時的老部下，跟隨劉邦起兵。他的哥哥周苛還是一位烈士，為守衛滎陽被項羽所殺。周昌堅決反對劉邦廢長立幼。

劉邦問周昌廢立太子一事，周昌口吃，說話結結巴巴，但是，他一聽劉邦要廢長立幼，非常惱火，他說：「我的嘴不會說，但是，我覺得這件事絕對不可做，陛下即使想廢太子，我也絕對不接受這個詔書。」由於周昌口吃加上盛怒，所以，才有「期期知其不可」、「期期不奉詔」二語。這裡的「期期」正是周昌結結巴巴說話的真實狀態（上問其說，昌為人吃，又盛怒，曰：臣口不能言，然臣期期知其不可。陛下雖欲廢太子，臣期期不奉詔。上欣然而笑）。

周昌的激烈反對絲毫沒有引起劉邦的不滿，更沒有大怒，而是看著周昌結結巴巴的樣子感到非常可笑。

幾乎所有大學中文系的教師講《史記》的語言特色時，都要把周昌這句話做為《史記》用口語入文的一個代表性例證。《世說新語．言語》記載了另外一個非常典型的例子。晉文王司馬昭手下有一員大將叫鄧艾，鄧艾這個人說話也口吃，一說話就是「艾艾」，所以，晉文王故意逗他，你整天說「艾艾」，到底是幾個「艾」（鄧艾口吃，語稱艾艾。晉文王戲之曰：卿云艾艾，定是幾艾）。

西晉初年的鄧艾說話就「艾艾」，西漢的周昌一說話就是「期期」，後人把鄧艾的「艾艾」和周昌的「期期」，合起來稱為「期期艾艾」，形容一個人口吃。

本來，周昌之爭是在朝堂之上，呂后如果不高度關注廢長立幼之事是不可能知道的。但是，呂后卻在朝堂「東廂」竊聽，竟然聽見了後世廣為流傳的這段諫詞。因為廢立太子一事關係到她和兒子的身家性命，所以，劉邦在殿中議論廢立之事時，她就躲在一邊偷聽。聽見周昌激烈地反對，呂后非常受感動，所以，周昌下殿時，呂后看見周昌，跪謝周昌（既罷，呂后側耳於東廂聽，見周昌，為跪謝），並感激地說：「今天假如沒有您，太子的地位差一點完了（微君，太子幾廢——《史記·張丞相列傳附周昌傳》）。」

「跪謝」周昌不僅對呂后來說是唯一的一次，而且，在中國古代史上皇后如此答謝大臣也僅此一見。

可見，呂后對廢立太子一事多麼重視！

二是求計張良。

此時，有人為呂后設謀，讓他找張良。呂后就讓他的哥哥呂澤劫持張良，逼著張良獻計。因為，劉邦當了皇帝之後，張良一直以身體有病為由，長期病休。所以，很難見到張良，而張良的足智多謀又為呂后所深知。

呂澤一劫持張良，張良就知道呂后要幹什麼。但是，張良並不願捲入太子繼承這種極度敏感的問題之中，可是張良又是反對劉邦廢長立幼的功臣之一。但是，張良肯定不會像周昌一樣直言進諫，所以，他對呂澤說：「皇上在戰爭困難時確實會聽我的意見，但是，現在是因為愛而要廢長立幼，這已經不是靠說能了結的事。但是，皇上非常看重的『商山四皓』（隱居在商山的四位年長的高士；皓，白，指髮白）卻始終請不來，因為他們認為皇上對臣下態度一貫傲慢。如果你們想辦法把『商山四皓』請出來輔佐太子，讓他們天天陪著太子，特別上朝時陪伴太子，皇上一定會看見。皇上知道『商山四皓』輔佐太子，也許會有用。」

張良這一招非常高明。這一招三十六計裡都沒有，這是什麼陰招呢？這叫製造假象。

呂后得到張良這一陰招後，立即付諸實施。呂后派呂澤讓人帶了太子的親筆信，還帶了一份厚禮，請「商山四皓」出山，這四位高士竟然全來了（於是呂后令呂澤使人奉太子書，卑辭厚禮，迎此四人。四人至——《史記・留侯世家》）。

《萬首唐人絕句》載有一首無名氏的〈戚夫人〉詩：

自別漢宮休楚舞，不施妝粉恨君王。
無金豈得迎商叟，呂氏何曾畏木強。

這首詩是模仿戚夫人的口吻寫的。「強（音『降』）」，質直剛強，這裡指為人耿直的周昌。司馬遷《史記・張丞相列傳》太史公曰：「周昌，木強人也。」首句說，自從離開漢宮後就再也沒有跳過楚舞，妝也不畫了，心中一直怨恨君王劉邦。呂后要是不用重金，怎麼請得動商山四皓？至於皇上派耿直的周昌輔佐我的兒子，以為可以保全趙王劉如意的性命，呂后什麼時候怕過周昌？

此詩值得玩味的是「無金豈得迎商叟」一句。「商山四皓」是以節操著名的隱士，但是，「卑辭厚禮」使「四皓」立即來到了太子劉盈的門下。呂后的「厚禮」使「商山四皓」改變初衷，告別隱居，走向市井。

這就叫：人格不抵厚禮，名節敗於金錢。「商山四皓」不過是待價而沽的「高士」。

四皓出手

「商山四皓」到來後，立即為太子劉盈辦了一件大事——阻止劉邦實施讓太子率兵平定黥布叛亂的計畫。

漢十一年，淮南王黥布造反。劉邦此時正好有病，所以，劉邦便想讓太子親自帶兵前往平叛。

四皓得知這個消息後，認為太子率兵平叛，風險太大。於是，四皓要求呂澤立即設法阻止劉邦的這個決定。

四皓圖（清黃慎繪）

四皓提出了兩條理由：

第一、從利弊看。太子統兵平黥布叛亂，立了功對太子的地位沒有任何好處；沒有立功太子將會因此而受連累。

第二、從成敗看。太子統率的是和劉邦一塊兒打天下的猛將，這就如同讓一隻羊去統率一群狼，沒有一個人會為太子盡力作戰。因此，太子統兵必敗。

四皓建議的潛臺詞是要太子「藏拙」。劉盈是一位無能的太子，立功的可能性幾乎沒有。如果能夠立功，對劉盈肯定有好處，但是，實際上根本辦不到。但是，四皓又不能直說太子無能，因此，才詭稱太子立功對太子的地位沒有任何好處。如果太子真能馬到成功，威望大增，廢太子的意見肯定難以施行，問題是太子很難獲勝。

呂后得到四皓的指點，立即對劉邦哭訴：

一是對手凶猛。黥布是天下聞名的猛將，非常善於用兵，如果讓黥布知道皇上病重，領兵的是沒有任何經驗的太子，黥布的氣焰會更加囂張，這次平叛任務肯定無法完成。

二是部下難以帶領。跟隨太子出征的將領都是隨同皇上打天下的猛將，太子統率他們猶如以羊統率狼群，非常不合適。

三是御駕親征。皇上雖然有病，但是，只要皇上抱病安坐車中，眾將領都會全力以赴。

劉邦一聽，嘆了口氣說：「我就知道他不是個料！」雖然劉邦非常失望，但是，四皓的計畫使太子劉盈避免了一場災難——獻醜。因為，太子劉盈的地位完全取決於劉邦的一念之間；如果太子統兵平叛遭遇失敗，對太子肯定是一場大災難。

「商山四皓」阻止劉盈統兵平叛只是沒有讓太子出醜，但是，呂后請來「商山四皓」是為了終止劉邦廢立太子，這件大事「四皓」是怎麼完成的呢？

漢十二年，劉邦平定黥布叛亂，但是，劉邦也在這次平叛中第二次受到致命箭傷。而且，由箭傷引發的疾病更加嚴重。此時的劉邦已經預感到人的生命有其盡頭；因此，劉邦廢立太子的願望也更加強烈了。張良勸阻無效，託病不再上朝。做為太子太傅的叔孫通以死相諫，劉邦假裝聽從，實際上廢立太子的想法毫無改變（上詳許之，猶欲易之——《史記．留侯世家》）。

一次朝宴，高祖劉邦發現太子身邊有四位八十多歲的老人，鬍鬚、眉毛都白了，服裝、帽子非常講究。高祖很奇怪，就問他們：「你們是誰？」四位老人上前回答，並各自報了姓名：東園公、甪里先生、綺里季、夏黃公。

劉邦聽說後大為吃驚：「我請你們多年，你們逃避我。現在為什麼要隨從我的兒子呢？」四位老人回答：「陛下輕視讀書，又愛罵人。我們堅決不願受辱，所以才因為恐懼而逃亡。如今聽說太子仁孝恭敬，愛護天下讀書人，天下人都願意為太子效死力，所以我們就來了。」

劉邦說：「煩請諸位好好替我照顧好太子。」四位老人敬完酒，離去。

劉邦看著離去的四位老人，指著他們對戚夫人說：「我想更換太子，但是，他們四位高士都來輔佐太子，太子的羽翼已經豐滿，難以撼動了啊！呂后真是一位好主子啊！」

戚夫人聽說後，立即失聲痛哭，劉邦說：「為我跳一曲楚舞，我為妳唱一首楚歌。」歌詞說：鴻鵠高飛啊，一飛千里。羽翼已成啊，橫渡四海。橫渡四海啊，還能做什麼。即使有弓箭，對於高飛的鴻鵠還有什麼用呢（鴻鵠高飛，一舉千里。羽翮已就，橫絕四海。橫絕四海當可奈何。雖有矰繳，尚安所施——《史記・留侯世家》）？

此後，劉邦再也不提廢立太子之事。

劉邦為什麼見到「商山四皓」輔佐太子後放棄易位太子一事呢？

「商山四皓」的身分是山林之士，年齡是行將就木之人，他們還願意為太子效死力；因此，劉邦從「商山四皓」的身上看到了天下公議（天下輿論）不在戚夫人一邊。在公議與私愛的較量中，與其違背天下的公議，不如割捨自己的私愛。所以，劉邦悲歌徘徊，不能取捨。然而，最終決定不更易太子，是「商山四皓」所代表的公議阻止了劉邦廢立太子一事。

在廢立太子的過程中，戚夫人本來占有很大的優勢，因為劉邦是站在戚夫人這邊的。而且，劉邦廢立太子的意志很堅決，多少人反對他都不管；那麼，戚夫人為什麼會失敗呢？戚夫人的失敗蘊藏著什麼災難呢？

廢立之禍

在廢立太子的過程中，劉邦是站在戚夫人這邊的，而且，劉邦廢立太子的意志很堅決；那麼，戚夫人為什麼還會失敗呢？戚夫人到底敗在哪裡呢？劉邦謝世後，呂太后會怎麼對待她的情敵兼政敵戚夫人呢？

誰該負責

在劉邦廢立太子事件中，最為關鍵的是三個人，即戚夫人、劉邦和呂后。劉邦廢立太子的願望之所以最終失敗，其實是這三個人相互角力的結果。要談論劉邦廢立太子之事，離不開對這三個人的討論。

概括起來，對這三個人可以這樣評價：戚姬無所作為，劉邦難辭其咎，呂后應對得力。

我們先看戚夫人的無所作為。

一是能力較弱。

戚夫人在決定挑戰皇后之位時，嚴重低估了呂后的能量，也嚴重高估了自己的能量。

戚夫人最大的本事是利用劉邦對她的寵愛擺平劉邦，再利用劉邦去擺平朝臣，實現其皇后之夢。也就是說，戚夫人是通過征服男人，再利用男人去征服世界的女人；但是，戚夫人自身的能力比較弱，她除了向劉邦哭訴，爭取劉邦的支持外，別無良策，也沒有任何作為。戚夫人挑戰呂后的皇后之位，應當說呂后很生氣，問題很嚴重。

二是阻力很大。

立太子本是皇家的私事，但是，一旦立了太子，太子又沒有大惡，廢太子就很難被朝臣接受。因為太子是國之根本，廢太子就是動搖國之根本。因此，廢太子的阻力之大，是劉邦和戚夫人始料未及的。而且劉邦是廢嫡立少，這就更加難以為朝中大臣所接受。

太子太傅叔孫通的勸諫證明朝臣的意向：

陛下必欲廢適而立少，臣願先伏誅，以頸血汙地。（《史記．叔孫通列傳》）

叔孫通是位儒生，他維護的是儒家立嫡立長的成制。儘管此時儒家思想尚未成為漢朝的主導思想，但是，從叔孫通的逐步受到信任，可以看出儒家傳統的影響正逐步增強。

三是沒有妻黨。

戚夫人不是劉邦的患難夫妻，她在劉邦集團中沒有妻黨，與其他重要朝臣沒有任何來往，沒有自己一派的政治勢力。政治鬥爭從來都是黨派之爭，或者叫做派系之爭，戚夫人以一己之力和整個朝臣、整個呂氏集團鬥爭，失敗是必然的。

再看劉邦的難辭其咎。

一是立儲過早。

漢二年，劉邦是為漢王，在僅有兩個兒子時，過早地立劉盈為太子，導致他發現儲君不合適時，再行廢立已為時過晚。如果他在有了八個兒子之後再立儲君，一定比他在兩個兒子中選擇太子要準確得多。

二是慮事不周。

劉邦過高地估計了自己廢立太子時對局面的控制，他也沒有料到廢立太子的阻力如此之大。劉邦儘管是劉氏集團的總裁，但是，廢立太子一事正如前文所講，呂后很生氣，問題很嚴重。劉邦顯然低估了這個問題的嚴重性。他在廢立太子沒有絕對把握時公開了自己的想法。這等於向戚夫人發出了錯誤的信號，誘使戚夫人恃寵挑戰皇后；同時，也向呂后發出了信號，逼迫呂后立即採取措施應對。

三是優柔寡斷。

廢立太子雖然阻力很大，但是，歷史上的帝王廢立太子一事並不乏成功者。漢景帝廢栗太子改立漢武帝劉徹，漢武帝廢戾太子立幼子劉弗陵，都做得乾脆俐落、不留懸念。雖然，武帝廢戾太子引發了一場大流血，但是，漢武帝手腕極硬，不惜一切代價，最終仍然獲得成功。

劉邦呢？朝臣反對、呂后反對，劉邦都在所不惜，區區「商山四皓」卻使他改變初衷，很多後人對此不理解。甚至有人提出，殺了四皓又有何妨？

劉邦是戚夫人挑戰皇后地位唯一的也是最大的政治資本和靠山。劉邦的優柔寡斷，面對阻力改變初衷，終使戚夫人一敗塗地，而且留下了無窮後患。

最後講呂后的應對得力。

沒有劉邦支持的呂后，為什麼能在廢立太子一事上取得勝利呢？

呂后在聽到劉邦提出廢立太子之初，的確曾經恐慌過，但是，呂后並不是一個完全依靠男人征服世界的女人，這是她和戚夫人最大的不同；她在廢立太子事件中可是著力甚深。

一是借力打力。

呂后巧妙地利用了三種力量為自己服務：

㈠是朝臣反對「廢立太子」的力量。

㈡是「商山四皓」代表的輿論力量。

㈢是劉邦對她「信任」的力量。

劉邦在決定終止廢立太子一事時，絕對想不到呂后將來會殘殺戚夫人和趙王劉如意；由此可見，劉邦並不完全了解呂后，特別是掌握了皇權之後的呂太后會多麼霸道、殘忍！

呂后巧妙地藉用了這三種力量為自己爭取選票，而且做得非常成功。

二是妻黨勢力。

呂后為劉邦及劉邦一家做出過重大犧牲，她的兩個哥哥呂澤、呂釋之都立有軍功，並封為侯；在呂后與戚夫人較量的過程中，呂后的妻黨不遺餘力。劫持張良獻計的是呂澤，「卑詞安車」請「商山四皓」的也是呂澤。

戚夫人是單槍匹馬，呂后卻有著強大的後盾。

呂后靠手腕保住了劉盈的太子之位，是不是說明劉邦廢太子本身就是錯誤的呢？劉

入關約法（選自明刻本《帝鑑圖說》）

盈和劉如意哪一個更適合當太子呢？

劉邦對太子劉盈是否看走了眼呢？

太子劉盈的確懦弱無能，無法駕馭朝政。由於趙王劉如意過早被殺，我們無法證實劉如意是否能為一代明君；但是，如果我們相信劉邦能夠識別韓信、張良的慧眼，並未因戚夫人與呂后的爭寵出錯，那麼，我們應當相信劉邦對兩個親生兒子的判斷並不會有錯；因此，劉邦的廢立太子實際上是廢弱立強。惠帝的懦弱使他在帝王之位上難有大的作為，劉邦立劉如意為太子的一個重要原因是希望儲君強大。

但是，劉邦的廢立太子，有一個特殊的背景：年輕貌美的戚夫人得寵和患難之妻呂后失寵。因此，劉邦所行的廢立很容易被人看作是為私情，而不是一心為公。

我們不能完全排除劉邦廢立太子的私情因素；但是，劉盈、劉如意都是他的親生兒子，以他開國君主的英明，他考慮更多的應當是執政能力。

可是，兩種社會輿論嚴重捆綁了劉邦的手腳：

一是反對先立後廢的輿論。

二是反對因寵妃而立其子的輿論。

這兩種社會輿論都使得劉邦在處理帝位繼承人的問題上不可能放開手腳。

劉邦在反秦、滅項的軍事鬥爭中雖然歷經大風大浪，但是，最終都獲得了成功；可是，劉邦在家庭內部兩個女人、兩個兒子的取捨問題上，卻顯得左右搖擺、優柔寡斷。向左是劉盈，向右是劉如意，結果是左右為難。

保護愛子

劉邦一旦中止廢立太子，立刻使戚夫人和愛子劉如意陷入極其危險的境地。因為廢立太子一事是不能輕易講出去的，一旦講出來就必須確保成功。否則，皇后和嬪妃之間的死怨已結，廢立之事又沒有辦成，失敗者如何生存？特別是失敗者如果是嬪妃而不是皇后，那就更危險了。劉邦能夠保證中止廢立之後戚夫人和愛子劉如意在自己百年之後的生命安全嗎？他為此做了什麼呢？

第一、周昌相趙。

劉邦一句話就中止了廢立太子之事，但是，這件事已經使呂后和戚夫人成了生死冤家，情敵加政敵。劉邦年老傷重，特別是滎陽之戰和晚年的平定黥布之戰，讓劉邦受了兩次致命的箭傷，更使得劉邦的健康雪上加霜。

所以，廢立太子之事中止後，劉邦便陷入了一場巨大的隱憂之中：戚夫人和愛子劉如意的安全怎麼辦？呂后的殘忍在誅殺韓信、彭越時已經表露無遺，而戚夫人只是一個弱女子，現在因為自己主張廢立太子，讓呂后和戚夫人結下了血海深仇，苦大仇深的呂后在自己去世之後不會報復戚夫人嗎？不會報復愛子劉如意嗎？

劉邦這時候才知道自己的冒失給愛妃和愛子造成了多麼大的災難。沉浸在巨大隱憂之中的劉邦悶悶不樂地唱起了楚歌，眾大臣不了解情況，都不知道如何化解劉邦心中的隱憂。

但是，此時卻有一個年輕的符璽御史（管符璽的御史）趙堯猜到了劉邦的心事。

劉邦中止了廢立太子一事後，管理皇帝符璽的御史趙堯敏銳地發現：皇上心中悶悶不樂，常常獨自唱著淒涼的歌曲，大臣都不知道皇上為何如此。

趙堯於是問皇上：「陛下心中不快莫非是趙王年齡太小，戚夫人和呂后有矛盾，一旦皇上萬歲之後，趙王難以自保嗎？」劉邦回答：「是啊！我心裡憂慮的正是這件事，但是，我不知道該怎麼辦。」

趙堯說：「皇上應當為趙王安排一個強而有力的國相，這個人一定是呂后、太子、大臣們平素所畏懼之人。」劉邦說：「我也這樣想，但是，群臣中誰可以擔當這個重任呢？」

趙堯回答：「御史大夫周昌，他是一個剛強正直的人。從呂后、太子到大臣平素都很畏懼他；因此，只有周昌可以擔此重任。」

劉邦馬上召見周昌，對他說：「我想煩請你一件事，請你擔任趙國的國相（吾欲固煩公，公強為我相趙王）。」周昌一聽，馬上哭了：「我從陛下起兵那天起就一直追隨左右，為什麼半道非要我去一個諸侯國呢？」

劉邦說：「我知道這個職務對你來說是貶職，但是，除了你沒有人可以勝任這一重任啊！」周昌不說話了，他知道這個國相不好當。

於是，劉邦便任命周昌做了趙國的國相。

「周昌相趙」是劉邦保護趙王劉如意的重要一環。

劉邦為什麼非要一位中央政府的御史大夫去擔任一個諸侯國的國相呢？

其一，周昌是沛縣集團的中堅力量之一，值得信賴。

周昌是劉邦任泗水亭長時的同事，而且，周昌的堂兄周苛還是漢王的烈士，當年因堅守滎陽戰死。周昌自劉邦起兵就一直追隨劉邦，是劉邦集團的中堅力量之一。

其二，周昌是一位直臣，當不辱使命。

周昌因反對廢長立幼，說了「臣期期知其不可」、「臣期期不奉詔」而名聞朝中。周昌在保護太子劉盈時敢於直言，深受劉邦嘉許，視為直臣。

其三，周昌有恩於呂后。

呂后為周昌力諫廢立而「跪謝」周昌，因此，周昌可以說是呂后、太子的雙重恩人；所以，劉邦斷定呂后不會為難周昌。

從「周昌相趙」中可以看出：劉邦對趙王劉如意的保護顯然大大勝過對戚夫人的保護。

應當說，此時的劉邦已經意識到自己支持戚夫人行廢立之事犯了大錯，但是，劉邦只是將廢立太子簡單地改為保護趙王劉如意，他並沒有任何措施反制呂后可能對戚夫人施加的迫害。如果他真想這麼做的話，並非毫無辦法。比如說他可以頒布詔書，也可以為戚夫人預留詔書。

如果我們對比一下「白馬盟誓」就會發現，劉邦對戚夫人的保護，並不是無計可施，而是缺少作為。劉邦為了讓他打下的江山世世代代傳給他的子孫，他和所有功臣殺白馬，歃血盟誓：不是劉姓皇族的人不能封為王，沒有立功的人不能封侯，任何人違犯這兩條都可以天下共誅之。劉邦這一手很靈，連呂后都不敢廢子、廢孫稱帝。可見，只要劉邦真的動心思保護一個制度、一個人，一定做得到。但是，劉邦在點燃了戚夫人的權力欲後，在他輕許戚夫人挑戰呂后後，卻少有措施保護戚夫人。

第二、立斬樊噲。

高祖十二年，劉

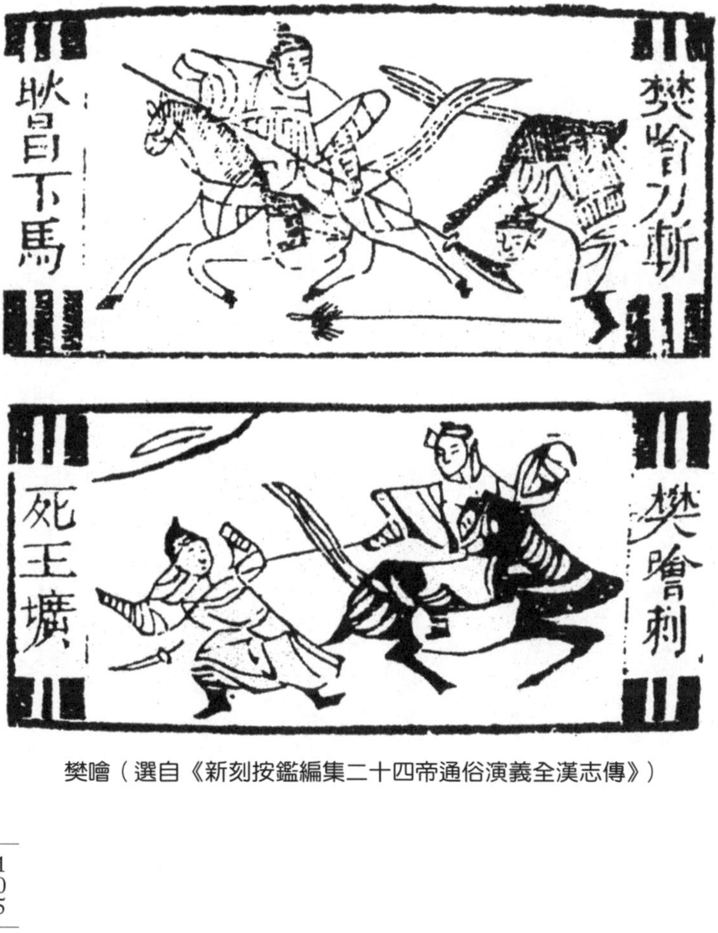

樊噲（選自《新刻按鑑編集二十四帝通俗演義全漢志傳》）

邦在彌留之際，突然聽說樊噲要在自己百年之後帶兵誅殺戚夫人和趙王劉如意，勃然大怒。立即派陳平，帶領大將周勃前往前線，並要求陳平到了軍中，立即將樊噲斬首。

陳平、周勃擔心劉邦殺樊噲只是盛怒之下的決定，加之劉邦病危，呂后的地位陡然上升，樊噲又是呂后的妹夫，立有眾多軍功；因此，陳平、周勃並未執行劉邦「至軍中，即斬噲頭」的皇命。只是將樊噲帶回來，打算讓劉邦自己處理。但是，還沒有等陳平回來覆命，劉邦已經去世，呂后接管政權，樊噲之事自然化險為夷。

陳平、周勃如何處理樊噲是一回事，劉邦下令立斬樊噲是另一回事，我們要討論的恰恰是劉邦為什麼僅憑一面之詞就要殺樊噲。

樊噲是功臣加親貴，劉邦尚且毫不手軟，聽到一面之詞就立即下令處死樊噲。可見，劉邦對戚夫人和劉如意的生命安全是何等重視！

我們從「周昌相趙」和「立斬樊噲」兩例中可以看出，劉邦在廢立太子（進攻）失敗後，對戚夫人，特別是對趙王劉如意加強了防護（防守）。

劉邦對趙王劉如意和戚夫人的保護足夠了嗎？

以我看來，劉邦對趙王劉如意和戚夫人的保護都遠遠不足；他完全可以做得更好一點，力避後宮相殘，力避愛子被殺。

殘害母子

高祖十二年（前一九五），劉邦帶著無奈離開了人世，太子劉盈順利繼位，是為漢惠帝。呂后由太后升為皇太后。

劉邦下世後，戚夫人的命運會如何呢？呂后會怎麼對待她呢？

呂后在劉邦去世、惠帝即位的當年，隨即將戚夫人囚禁起來，剃去她的頭髮，頸束鐵圈，穿上囚犯的囚衣，在「永巷」舂米。

「永巷」是宮中的官署，掌管後宮人事，可以監禁宮人；「髡（音「坤」）鉗」，是古代一種刑法，剃去頭髮，頸束鐵圈。「衣赭（音「者」衣」），是穿上囚衣（迺令永巷囚戚夫人，髡鉗，衣赭衣，令舂——《漢書．外戚列傳》）。

呂后這種處罰有何用意？

我認為：從呂后殺韓信、彭越一步到位、直奔主題的作風來看，如果呂后要處死戚夫人，大可不必費此周折。她這樣做，一是想出一出憋在心中十年的窩囊氣；二是要讓戚夫人嘗一嘗生不如死的滋味。但是，此時的呂后還沒有將魔爪伸向趙王劉如意。

面對秋後算帳的迫害，戚夫人此時怎麼樣呢？昔日掌上明珠，今日階下囚徒，戚夫人心中既滿懷悲憤，又非常無奈。

能歌善舞的戚夫人創作了一首在中國文學史上非常有名的〈春歌〉（或叫〈戚夫人歌〉）：

> 子為王，母為虜，終日春薄暮，常與死為伍！相離三千里，當誰使告女？

這首歌的意思是說：兒子為王，母親為奴，整天春米，常常與死亡相伴。我與兒子相距千里，應當讓誰去告訴你呢？

從感情上講，戚夫人這首歌真實地反映了她遭受的非人待遇，非常值得同情。劉邦在世之日，戚夫人雖然立兒子為太子失敗了，但是，她一直陪侍

打戚妃（《兩漢開國中興志傳》）

劉邦，深得劉邦寵幸。劉邦一旦撒手人寰，戚夫人即被打入囚房，過著囚徒生活。如此大的反差，對於能歌善舞的戚夫人，用歌聲表達自己遭受的不幸，何罪之有？

從理智上講，戚夫人當年非常不明智地選擇了與呂后進行儲君之爭，已經為今天的痛苦種下了禍根；今天再唱此歌，試圖讓「為王」之子了解自己、解救自己。能達到目的嗎？會不會進一步激怒呂后呢？

果然，呂后得知戚夫人唱〈舂歌〉一事後，勃然大怒，說：「妳想依靠妳當王的兒子嗎？」立即下令召趙王劉如意進京，加以殺害（太后聞之大怒，曰：「迺欲倚女子邪？」迺召趙王誅之——《漢書．外戚列傳》）。

史書記載中的呂后，在劉邦崩世之前，從來沒有「大怒」過。即使是劉邦堅持廢長立幼，呂后心中非常惱怒，也從未「大怒」。呂后絕不是一個沒有脾氣的人，只是劉邦在世之日，呂后非常善於克制自己內心的憤怒。

劉邦去世後，自己的兒子當了皇帝，此時呂后已經不需要再克制自己內心的感受，一聽到戚夫人的〈舂歌〉，她立即勃然大怒。並想到戚夫人企圖倚仗自己做趙王的兒子，這等於提醒呂后：解決戚夫人的問題還關聯到她的兒子趙王劉如意。於是，呂后將罪惡之手伸向年幼的趙王劉如意——調趙王進京。

但是，呂后能夠順利地調趙王進京嗎？

首先，趙相周昌不讓趙王進京。

周昌為什麼不讓趙王進京呢？顯然是基於劉邦的重託。

呂后得知周昌阻攔趙王進京有何反應呢？

呂后大怒，改調趙相周昌進京。周昌進京面見呂后，呂后破口大罵：「你不知道我恨戚夫人母子嗎？你為什麼不讓趙王進京？」

周昌進京後，呂后再調趙王劉如意進京。

為什麼敢於不奉劉邦詔書的周昌到京後不敢再頂撞呂后呢？

一是周昌做為臣子在封建君主政體中根本無法左右身為國君之母的呂后。

二是周昌知道：頂撞呂后和頂撞劉邦的結果不一樣——劉邦絕不會因為受到頂撞而殺掉自己，反而可以因為頂撞劉邦獲得直臣之名；頂撞呂后不但不會獲得直臣之名，而且一定會招致殺身之禍。

所以，在呂后謀殺趙王劉如意的時候，他開始頂著呂后的旨意不讓趙王劉如意進京，但是，一旦呂后調他進京，他馬上就服從了。周昌是位直臣，但他更是懂得明哲保身的直臣。

呂后並沒有多方為難周昌，因為周昌畢竟是當年頂撞劉邦保護太子劉盈的重臣，是呂后當年親自跪謝的大臣。

劉邦知道周昌無力保護趙王劉如意嗎？

劉邦不知道，這說明劉邦糊塗。劉邦滿心指望直臣周昌可以保全愛子劉如意的性命，但是，他忽略了非常重要的一點：呂后是君，周昌是臣。做為臣子的周昌怎麼能夠對抗得了做為君主的呂后呢？因此，周昌根本無法保護劉如意。

我們前面講過《萬首唐人絕句》中無名氏的〈戚夫人〉詩：

> 自別漢宮休楚舞，不施妝粉恨君王。
> 無金豈得迎商叟，呂氏何曾畏木強。

「木強」，此指周昌。司馬遷《史記．張丞相列傳附周昌傳》太史公曰：「周昌，木強人也。」呂后根本沒有將周昌放在眼裡，劉邦連這個道理都不懂。

其次是惠帝劉盈保護趙王。

漢惠帝劉盈知道母親因怒而召趙王，為了保護趙王，惠帝在趙王劉如意進京時親自應接，而且將劉如意安排在自己的皇宮內，加以保護，長達幾個月。

呂后得知惠帝在保護趙王，便暗中窺伺機會。

漢惠帝元年（前一九四）十二月，呂后利用惠帝外出打獵，年幼的劉如意因時間太早尚未起床，而沒有跟隨惠帝一塊兒出城的機會，立即派人強行用毒藥毒死了劉如意。

除掉了趙王劉如意後，呂后怎樣對待戚夫人呢？

呂后將戚夫人四肢全部剁掉，挖掉眼睛，弄聾耳朵，強迫她喝啞藥成為啞巴。然後，稱之為「人彘」，放在廁所中，實際上說戚夫人不是人，是豬。過了幾個月，她讓惠帝來看。惠帝得知這就是年輕貌美、能歌善舞的戚夫人後，嚇得大哭一場，病了一年多，不能理政。惠帝對太后說：「這不是人幹的事。我做為太后的兒子，母親如此殘暴，我怎麼能治理天下呢？」（此非人所為。臣為太后子，終不能復治天下——《漢書．外戚列傳》）。

從此惠帝整天喝酒，縱情聲色。

七年後，惠帝去世，年僅二十四歲。

惠帝確實仁弱，但是，惠帝不乏同情之心。他做為天子或許不夠稱職，但他卻能平等地對待自己的兄弟，盡其所能地保護年幼的弟弟。較之殘忍的呂后，惠帝至少是個正常的人！

呂后對戚夫人的奪夫、奪位之恨，是人之常情；但是，呂后以如此慘無人道的手法虐待奪位失敗的戚夫人，讓人髮指。

呂后的氣確實出足了、出夠了，但是，呂后也為此付出了千秋罵名的代價。歷史記下了呂后所犯的罪惡。

呂后的殘暴作為將她永遠釘在中國歷史的恥辱柱上！

惠帝去世的當年（高后元年，前一八七），呂太后聽說御史大夫趙堯當年向劉邦推薦周昌出任趙國相國以保護趙王劉如意，於是又懲罰趙堯，削去他的御史大夫之職（高后聞御史大夫江邑侯趙堯高祖時定趙王如意之畫，迺抵堯罪）。可見，即使戚夫人、劉如意死後，呂后對戚夫人、劉如意的恨仍然沒有完全消除。

趙王劉如意死後三年，周昌鬱鬱寡歡而死。至此，戚夫人、趙王劉如意、周昌相繼死去，趙堯被免職。廢立之爭畫上了句號。

悲劇之因

戚夫人的一生是個悲劇，誰造成戚夫人的人生悲劇呢？

一是「商山四皓」。

宋李覯（音「購」）《盱江集》卷三十六〈戚夫人〉詩曰：

百子池頭一曲春，君恩和淚落埃塵。
當時應恨秦皇帝，不殺南山皓首人。

《西京雜記》記載：「戚夫人侍兒賈佩蘭，後出為扶風人段儒妻。說在宮內時，見戚夫人侍高帝，……至七月七日，臨百子池，作于闐樂，樂畢，以五色縷相羈，謂為相連愛。」

當年戚夫人和劉邦每年七月七日，都要駕臨百子池，用五色線相連，叫做「連愛」。

因此，李覯在這首詩中說：當年百子池邊的春光已經不在，只恨當年的秦始皇，為什麼沒有殺死隱居商山的四個老人（商山四皓）。此詩認為：戚夫人的悲劇是「商山四皓」造成的。

二是推薦「商山四皓」的張良。

如果說「商山四皓」的出現最終阻止了劉邦「廢立太子」的計畫，導致戚夫人慘死；那麼，推薦「商山四皓」的張良是否也有責任呢？

三是戚夫人咎由自取。

戚夫人當年受寵時面臨著兩種選擇：一是恃寵挑戰皇后；二是自抑服從皇后。皇后與嬪妃的地位身分十分懸殊，因此，諸多得寵嬪妃都試圖坐上皇后的寶座來滿足自己的欲望，甚至不惜一切挑戰皇后的權威。一旦失敗，她們就會遭到殺身之禍或滿門抄斬。儘管如此，渴望皇后的位置與權力的衝動，使不少得寵嬪妃還是選擇了向皇后進行挑戰的險棋。

戚夫人挑戰呂雉的皇后之位、挑戰劉盈的太子之位導致了自己的悲劇結局。

四是劉邦的江山、美人之爭。

「商山四皓」的出現，使劉邦也面臨著江山、美人的兩難抉擇。

當年西楚霸王面臨江山、美人的兩難選擇時，只能先捨美人而打江山。如今劉邦在江山、美人的兩難抉擇中，可以說是毫無懸念地選擇了江山而不能選擇美人。儘管西楚霸王與漢高祖同樣是既愛江山又愛美人，但是，在江山與美人不能兼得時，他們注定只能選擇江山而不能選擇美人。

為什麼呢？

因為，無論是項羽，還是劉邦，都是握有實權的政治人物。政治人物如果不能確保自己的政治地位，任何美人對他們都沒有意義。失去了權力，失去了公信力，也就失去了一切。保證自己不失去政治權力，是政治人物一生中處理一切問題的最高原則；因此，當政治權力與其感情生活發生矛盾時，他們只能選擇政治權力——這是虞姬的悲劇，也是戚夫人的悲劇。

儘管她們一個是失敗了的項羽的愛妾，一個是勝利了的劉邦的寵妃，但是，她們有一個共同點——她們所愛的男人都是政治人物。

因此，無論是勝利者，或者是失敗者，在江山、美人之爭中都只能選擇江山！

清代詩人田雯〈詠古〉一詩就從此一角度詠嘆了虞姬和戚姬同樣的命運：

誰教玉體兩橫陳，粉黛香消馬上塵。
劉項看來稱敵手，虞夫人後戚夫人。

——（《古歡堂集》卷十五）

詩中的「玉體」指虞美人和戚夫人。「兩橫陳」，指兩位美人之死。第二句還是寫美人之死。

田雯此詩說，誰讓兩位絕代佳人相繼慘死呢？劉邦、項羽看來真是對手，虞夫人死後緊接著戚夫人也死去。

此詩意在諷刺劉邦能夠滅項，但是，他卻不能保護所愛的女人。他所寵愛的戚夫人竟然和項羽寵愛的虞夫人面臨同樣悲慘的下場。

嚴格來講，虞姬比戚姬頭腦更清醒，也更果斷。虞姬果斷自決，戚姬渾渾噩噩，盲目爭奪儲君之位，失敗後也只會哭泣，毫無自全之術，最終受辱而亡。

虞姬雖然和戚姬同為悲劇人物，但是，虞姬保持了人格的尊嚴；戚姬尊嚴盡失，也未能苟活於世。

為了發洩一己之恨，呂后殘殺了戚夫人，但同時也害死了自己的親兒子。這是呂后始料不及的。

惠帝的崩世，使呂后透過惠帝掌握朝政的願望完全落空，那麼，手握大權的呂后將怎樣繼續掌控朝政呢？

女主稱制

為了發洩自己的憤恨，呂后殘殺了戚夫人，但同時也意外地害死了自己的親兒子。這是呂后殘殺戚夫人的代價。惠帝的去世，使呂后透過惠帝掌握朝政的願望完全落空，那麼，手握大權的呂后如何在兒子去世的情況下繼續控制朝政呢？

太后稱制

高祖十二年（前一九五）四月，多次在戰爭中受箭傷的劉邦謝世，享年六十二歲。當年五月，劉邦的嫡長子十七歲的劉盈即位，他就是漢惠帝。

呂后當上了大權在握的皇太后，而不再是劉邦可以隨意廢立的皇后。這對呂后來說，可以說是人生第一次挺直了腰桿，多年的忍辱負重總算熬出了頭！呂后第一次感到自己成為大漢王朝真正的主人。

身為皇太后的呂雉，為了保持呂氏家族的地位，竟然將親外孫女——惠帝的親姊姊魯元公主的女兒張嫣嫁給了親兒子惠帝。

此時張嫣年齡大約九歲左右。這等於讓身為舅舅的漢惠帝娶了親外甥女。漢惠帝軟弱，不敢反抗母命，但又實在不滿意這樁婚事，導致惠帝和張嫣無子，而惠帝與後宮宮女反倒生了六個兒子。

戚夫人「人彘」事件後，惠帝羞憤交加，不理朝政，縱情聲色，健康迅速惡化，二十四歲即英年早逝。

由於惠帝與張嫣無子，惠帝去世後，呂太后不得不面臨兩種選擇：一是放棄權力；二是繼續掌權。

呂后雖然是漢代第一位皇后，但是，呂后在劉邦在世時始終生活劉邦的陰影之下，並蒙受了戚夫人奪夫、奪位之苦。

現實的殘酷使呂后比普通女人更懂得皇權的至高無上。

劉邦在世時，呂后小心翼翼，絕不冒犯劉邦，即使劉邦寵幸戚夫人，甚至要廢自己的親生兒子改立戚夫人所生的劉如意，呂后也絕不與劉邦翻臉。這對於性格「剛毅」的呂后來說非常困難，但是，她一而再、再而三地忍了下來。因為她知道此時絕不是感情用事的時候。

漢九年，劉邦因為一樁趙國謀逆大案逮捕了自己的女婿張敖，呂后多次對劉邦說：「張敖是女婿，因為女兒魯元公主的關係，他絕不會參與謀逆案。」劉邦聽後，勃然大怒說：「假使張敖當了天子，他還會缺少像妳女兒這樣的女人嗎？」根本不聽呂后的勸告，反而大吼了一通。

其實，這件事呂后講的很有道理，做為劉邦女婿的張敖確實沒有參與行刺劉邦的這樁謀逆大案。但是，呂后手中沒有權力啊！她說的再對，由於沒有權力，一點也不管用。

這些大大小小的事使呂后懂得絕對不能放棄權力！

人性對權力的追求是無止境的。因為權力不僅可滿足一個人物質生活的各種需求；而且，權力還可以滿足一個人精神生活的各種需求。

權力不僅可以保護自己，權力還可以征服對手。

因此，中國歷史上掌握了國家最高權力的帝王，幾乎無一例外地將權力掌控到死亡之時為止。呂后當然也不例外，她也要將等待了十幾年才奮鬥到手的國家最高權力掌握到死亡之日為止。

因此，要呂后放棄權力那簡直是與虎謀皮！

所以，惠帝死後，呂后只有一種選擇：繼續掌握國家大權！

要繼續掌握國家大權，呂后有兩種途徑可以選擇：

一是扔掉一切遮羞布，自己直接當皇帝。

二是再立一個小皇帝，自己掌控朝政。

事實是，呂后沒有直接當皇帝，而是選了一位小皇帝。由於惠帝的皇后是他的親外甥女，惠帝對這樁奇特婚姻非常不滿；但是，他又不敢與母親作對。所以，惠帝與小皇后之間毫無感情可言，既然沒有感情，皇后又那麼小，自然也就無子，但是，惠帝和後宮的宮女卻有了六個兒子。

為了再立一個小皇帝，呂太后不得不在惠帝與後宮宮女所生的六個兒子中選了一個，殺死其生母，由張嫣撫養，詐稱為惠帝子，這就是歷史上的「前少帝」。

此時的「前少帝」年幼，只有三歲，根本無法主理朝政，呂后為此做出了一項重大發明：太后稱制。「制」就是皇帝的命令。「稱制」就是代行皇帝職權。

太子即位為帝，謁高廟。元年，號令一出太后。太后稱制。（《史記·呂太后本紀》）

這就是中國歷史上開天闢地以來第一次影響極為深遠的女主稱制。

稱制之因

交權的恐懼感

劉邦去世後，呂后大權獨攬，殘害戚夫人，殺害趙王劉如意，她為什麼能夠順風順水？為什麼能夠為所欲為？因為呂后手中有皇權。

無權之苦，有權之樂，呂后品嘗得太多太多。她不能交權。

特別是殘殺戚夫人，呂后應當知道自己做得太過分，大失人心！連親生兒子都覺得母后做得太過分，呂后能不知道此事令人頗有非議嗎？交出權力會出現什麼樣的情況呢？這種恐懼感牢牢控制了呂后。

維護既得利益

維護既得利益是古今中外人之常情，呂后也不例外。她不可能放棄手中的既得利益，因此，只有女主稱制，才能保證她在幼主實際執掌朝政前繼續保持她對權力的絕對控制。

政治才幹出眾

呂后是不是美女型皇后，我們不得而知，但是，所有記載這段歷史的史書都未說呂后是個美人。即使在呂后年輕出閣時，史書也沒有記載呂后的美貌。因此，呂后應當只是一位相貌平平的女子。

她與當上漢王後大得劉邦寵愛的戚夫人不同，戚夫人年輕、貌美、能歌善舞；戚夫人是靠著美麗與才藝得寵的。

呂后不是這種類型的皇后。呂后和所有平民出身的開國皇帝的皇后一樣，她是開國皇帝平民時代的結髮之妻，不是以美貌進入宮廷的嬪妃。因此，她們不可能因美麗而得寵，她們要麼只是做一個名義上的皇后，要麼需要用智慧迎戰挑戰皇后地位的得寵者。

呂后本來就是一個非常能幹的女人；但是，呂后的這種才幹一開始並未引人注意。劉邦落草芒碭，整個家庭是由呂雉獨撐。她要為丈夫送衣、送飯，她要為丈夫犯法而坐牢，牢獄之中還要蒙受獄卒的欺凌。劉邦起兵反秦後，她隨時可能因為劉邦造反而大難臨頭。這些苦難呂雉都熬過來了。這不僅要毅力，而且要勇氣，更需要能力。呂后在這些事情中的表現史書都沒有記載，因為，司馬遷《史記》在記載張良時公開宣稱：

> 留侯從上擊代，出奇計馬邑下，及立蕭何相國，所與上從容言天下事甚眾，非天下所以存亡，故不著。（《史記．留侯世家》）

呂后在未登上皇后之位前的許多逸事，因為與天下存亡關係不大，司馬遷也都沒有記載。但是，呂后應對這些事件的能力是確確實實存在的。

登上皇后之位後，呂后協助劉邦誅殺功臣；她能夠以同情的面目欺騙彭越，帶回將被劉邦發往蜀中的彭越，勸說劉邦加以誅殺；還能指使彭越的手下誣告彭越謀反，這種心機、謀略，儘管為人不齒，但是，也顯示了呂后的手段。正如《史記．呂太后本紀》所記載的，「呂后為人剛毅，佐高祖定天下，所誅大臣多呂后力。」

從客觀上看，呂后能夠實行「太后稱制」是因她的特殊地位和手中握有足夠的政治資源。

政治資源是最現實、最有實力的資源。

呂后是高祖劉邦的皇后、漢惠帝的皇太后。這種合法的政治身分為她實行「太后稱制」奠定了強大的權力基礎。

由於惠帝與皇后無子，呂后便將惠帝與後宮美人所生之子奪來，偽稱為皇后子，這就是歷史上的「前少帝」。這顯示了呂后立新皇帝的權力。

「前少帝」年稍長，得知自己的生母為呂后所殺，忿忿不平，揚言長大後要為母報仇。呂后得知，即將「前少帝」幽禁起來，說皇帝病重，任何人都不能見。結果，眾大臣沒有一個人能夠見到這位「前少帝」。最後，呂后又廢掉「前少帝」，把他殺死，再立劉義為「後少帝」，更名劉弘。這顯示了呂后廢新皇帝的權力。

呂后立新皇帝時，說立就立，沒有人反對。呂后廢新皇帝時，對大臣說：「如今皇帝長期臥病，無法親理朝政，不能把天下再交給他。」眾大臣竟說：「皇太后為天下齊民計所以安宗廟社稷甚深，群臣頓首奉詔。」不但不反對廢「前少帝」立「後少帝」，反而猛誇呂后是為天下蒼生考慮，我們奉詔。可以說，呂后拿著皇帝當猴耍，眾大臣明明知道呂后殺一個再立一個，還鼓掌稱好。

從上可知，呂后此時權力多麼巨大。

為什麼呂后可以直接廢立皇帝呢？

第一、呂后出手凶狠。

劉邦廢立一個太子都沒能辦成，呂后卻可以從容地廢立皇帝。從這個意義上說，呂后在朝中行事比劉邦還要順暢。這是為什麼呢？

呂后是出名的凶殘之人，劉邦廢立太子還要和眾大臣商量一番；大臣們不同意，劉邦也無可奈何。劉邦還挺有民主作風，但呂后絕不是這樣，哪個小皇帝不聽話，她就廢哪個小皇帝、殺哪個小皇帝。

眾大臣敢於反對劉邦，公開和劉邦辯論，對呂后，也只有一位王陵還敢頂幾句。其他大臣，包括陳平、周勃，都不敢頂撞呂后，唯恐引火焚身。

這主要是因為呂后蠻不講理，動輒殺人。

第二、擁有三種巨大的政治資源。

呂后是皇族派關鍵人物。

皇族派是以劉邦八子為中心的漢初宮廷集團。他們是劉邦的兒子，是王位的合法繼承人。因此，圍繞著諸皇子形成漢初宮廷的皇族派。

在皇族派中，呂后是關鍵人物。呂后是嫡長子劉盈的生母，也是其他諸子的嫡母；所有的皇子都不得不向她稱臣、稱子。

皇族派雖然對呂后稱制有看法，但是，呂后畢竟未直接稱帝，沒有奪走劉姓江山，名義上她還是將惠帝的「兒子」扶上了皇帝的寶座。因此，有看法的皇族派還未到與呂后勢不兩立的程度。

呂后與功臣派的關係大體和諧。

漢十二年四月，劉邦去世後，呂后竟然四天祕不發喪，而與其親信審食其商量，想殺盡天下功臣。

呂后與審食其謀曰：諸將與帝為編戶民，今北面為臣，此常怏怏，今迺事少主，非盡族是，天下不安。（《史記．高祖本紀》）

這一陰謀被與審食其關係密切的將軍酈商知道，酈商知道呂后欲殺盡天下功臣，立即進宮對審食其說，高皇帝已經故去四天了，你們不發喪，還想殺掉開國功臣。如果你們這樣做，國家馬上就完了（吾聞帝已崩，四日不發喪，欲誅諸將。誠如此，天下危矣——《史記．高祖本紀》）。你們想想，陳平、灌嬰統率十萬大軍駐守滎陽，樊噲、周勃率領二十萬大軍駐守燕代之地，如果他們知道高祖皇帝歸天後你們在京城大殺功臣，一定會聯手帶兵攻入關中。大臣在內謀反，諸侯在外叛亂，國家的滅亡指日可待（大臣內叛，諸侯外反，亡可翹足而待也——《史記·高祖本紀》）。審食其把酈商這一番話轉告呂后，呂后才放棄了殺盡天下功臣之心。

上述記載至少說明了兩點：

第一、呂后對與劉邦一塊起兵的「諸將」懷有強烈的疑懼心理。呂后對與劉邦一塊起兵的「諸將」疑懼最重，這種疑懼的根據是：與劉邦一塊起兵的「諸將」原來與劉邦平起平坐，現在又要讓這些與劉邦共同打天下的、年邁的「諸將」來侍奉「少主」，他們的心理肯定不平衡。

應當說，呂后的「理論」並非全無道理，但是，真正握有兵權的異姓王，劉邦在世時已經基本誅殺完畢；其他握有兵權的灌嬰、周勃、樊噲都是劉邦集團的核心人物，他們不可能背叛劉邦。

第二、呂后主觀上殺盡「諸將」和客觀上有所顧忌的矛盾心理。呂后與審食其的對話道出了她心中真實的一面——對手握重兵的諸將的疑懼；但是，酈商一番話又使她立即改變不發喪而誅諸將的想法。這暴露了呂后的兩難心態：殺，怕反；不殺，也怕反。

但是，此事也反映了呂后的明智，她將功臣派劃分為兩類。

一是對她來說最具威脅的韓信、彭越、黥布「諸將」。

一是對她威脅不大的蕭何、張良、陳平、曹參等文臣。

呂后首先是「借力打力」，利用劉邦對異姓諸侯王的疑懼，重點打擊韓信、彭越等異姓諸侯王；能殺一個就殺一個，能多殺一個就多殺一個。

因為，殺韓信，殺彭越，可以得到劉邦的支持；同時，又除掉了她所擔心的「諸將」。雖然呂后對其他功臣也不放心，但是，從策略上考慮，呂后還不敢對所有的功臣下手。

呂后與蕭何、陳平、張良等文臣關係密切的一個重要原因是，上述諸人都參與了誅殺韓信、彭越等異姓諸侯王的行動。因此，呂后與蕭何、陳平、張良功臣的關係較為密切。

呂后是外戚派的核心人物。

呂后的大哥呂澤功封周呂侯，二哥呂釋之功封建成侯，都曾追隨劉邦起兵反秦、滅項，屢立戰功。妹夫樊噲功封舞陽侯，也是漢初功臣之一。呂氏宗族雖為外戚，但是，呂氏宗族也是漢初的功臣集團。

所以，呂后是漢初外戚派理所當然的核心人物，深得外戚派的鼎力支持。

呂后能夠駕馭漢初三派（皇族派、功臣派、外戚派），這是她敢於施行「太后稱制」的最重要的原因。

所以，呂后稱制，並未受到朝中重臣如陳平、王陵的反對；朝野上下都認同呂后以太后身分稱制。

高后元年（前一八七），呂后正式稱制，行使皇帝之權。

顧命制度

呂后不能稱帝，只能稱制，因為她的稱制已經是一場大變革了。

為什麼這樣講呢？

中國古代王位的傳承最早實行的是「禪讓制」，但是，自夏朝開始實行「家天下」的「世襲制」，父死子繼或兄終弟及；但是，這種「家天下」傳子不傳賢的父死子繼制，在父死子幼時將會遭遇尷尬局面——年幼的小皇帝無法行使皇權。

小皇帝與大皇權成為「家天下」的困境之一。

如何破解這一難題，中國古代的政治家創造了一種應對這種困境的舉措：顧命制。「顧命」一詞出自《尚書》，本為《尚書》一書的篇名，取其臨終遺命之意。後代因此稱帝王臨終前的遺詔為顧命。所謂「顧命制」，指的是帝王臨終前選取若干顧命大臣輔佐幼主的政治制度。

武王臨終時，其子成王十三歲，父死子繼制度遭遇了首次尷尬局面。武王為了確保成王年幼時朝政不亂，年長後還能夠順利繼位，命其弟周公姬旦輔佐成王。

周公攝政，引起了諸多親貴的猜疑，他們擔心周公攝政不利於成王，但是，周公最終不負武王重託，穩定了政局，並在輔政七年後，成王年滿二十歲時順利地將權力交還成王。

因此，周公成為中國歷史上第一位顧命大臣。顧命大臣的選擇一般須具有兩個條件：一是親，二是貴。要麼是皇親，要麼是重臣。周公姬旦剛好兩者兼有，他既是成王的叔叔，又是朝中的重臣。

顧命制之所以成為幼主繼位的一種成制，有多方原因：

第一、顧命大臣多是帝王親自挑選的忠貞、才智、親貴之人，有能力執掌朝政。

第二、顧命制非終身制，一旦幼帝成人，必須交接權力。

由於周公是儒家尊奉的聖人，他又順利地完成了顧命重託，因此，顧命制隨著後世儒家地位的上升逐漸成為一種成制。

從呂后稱制開始，後宮介入朝政，皇太后干政現象不斷發生，揭開了中國王權政治史上新的一頁。

顧命制與太后稱制的最大不同，在於顧命制下的顧命大臣是先皇選定的，它具有合法性；太后稱制不是先皇安排的，而是在先皇去世後由太后決定的。因此，它的存在往往與先皇意志相左。

太后稱制還有諸多弊端。

一是權力終身制。

皇太后的身分非常獨特，由皇太后稱制往往導致終身制。

比如呂后，她先後在「前少帝」、「後少帝」任上獨掌朝綱八年。如果呂后不在高后八年去世，恐怕她一息尚存之日都不會交出政權，這實際上就是終身制。

雖然歷史上並非所有的皇太后稱制都導致終身制，但是，這種機率非常高。畢竟要一個手握國家政權的人交出政權是一件非常不容易的事。

二是外戚干政。

太后稱制，最容易產生外戚干政，東漢一朝，這一現象最為突出。在封建社會中，女性往往足不出戶，因此，太后往往依靠自己的娘家兄弟、父親掌握朝政，導致外戚干政。

雖然，顧命制也有弊端，顧命大臣專橫跋扈，不把孤兒寡母放在眼裡的大有人在。清康熙十四歲就可以親政了，但是，他卻不得不在十六歲時除掉顧命大臣鰲拜，奪回政權。

所以，一旦顧命大臣權力欲太強，顧命制的弊端也隨之出現。

顧命制與太后稱制都不能解決皇權重大與幼子無能的矛盾。

產生這一怪圈的根本原因在於封建帝制是傳子不傳賢。皇權的繼承人始終只能在少數人中產生。無論稱制，還是顧命，都無法解決激烈的皇權之爭。這是封建帝制在繼承權上的死穴，只有徹底廢除封建帝制傳子不傳賢的陳規，才能最終破解這一死穴。

何不稱帝

呂后為什麼不當皇帝呢？這樣不更簡單嗎？何必還要再立一個小皇帝呢？反正都是由呂后行使皇帝的權力。

第一、「白馬盟誓」的制約。

制約呂后稱帝的最大障礙是劉邦生前與眾功臣訂下的「白馬盟誓」。

「白馬盟誓」簡單來說就是殺一匹白馬，以馬血歃血為盟。關於「白馬盟誓」的內容，現有四條記載：

一、議欲立諸呂為王，問右丞相王陵。王陵曰：高帝刑白馬盟曰：非劉氏而王，天下共擊之。今王呂氏，非約也。（《史記．呂太后本紀》）

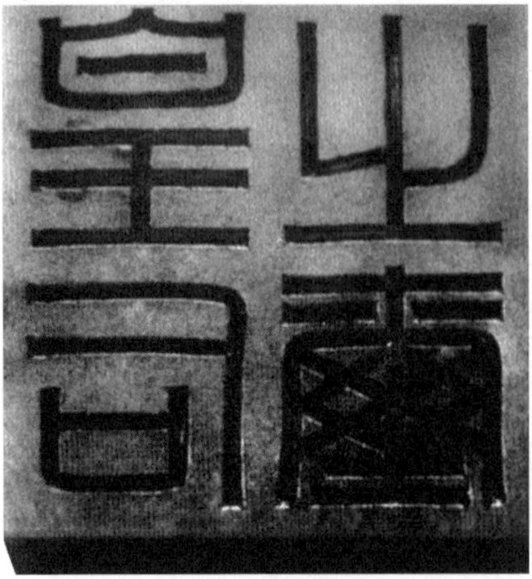

皇后之印——呂后執政之玉璽

二、七月中，高后病甚，迺令趙王呂祿為上將軍，軍北軍；呂王產居南軍。呂太后誡產、祿曰：高帝已定天下，與大臣約，曰：非劉氏王者，天下共擊之。今呂氏王，大臣弗平。我即崩，帝年少，大臣恐為變。必據兵衛宮，慎毋送喪，毋為人所制。（《史記・呂太后本紀》）

三、高皇帝約：非劉氏不得王，非有功不得侯，不如約，天下共擊之。（《史記・絳侯周勃世家附周亞夫傳》）

四、高祖末年，非劉氏而王者，若無功，上所不置而侯者，天下共誅之。（《史記・漢興以來諸侯王年表》）

王陵是劉邦臨終前遺命繼曹參之後的丞相人選，他為人非常耿直。呂后打算封呂姓為王，問到他，他提出「白馬盟誓」的主要內容對抗呂后。

呂后臨終前交代後事時又提到「白馬盟誓」的主要內容。

周亞夫是周勃之子，平定吳楚七國之亂的大功臣，他反對漢景帝無功而封一名外戚，因此，陳述了「白馬盟誓」的主要內容。

〈漢興以來諸侯王年表〉也提到「白馬盟誓」的主要內容。

綜上可知：劉邦的「白馬盟誓」明確規定非劉氏者不得封王。

呂后儘管此時掌握了國家大權，但是，她仍然在封呂氏為王時有所顧忌；呂后封呂氏為王尚且顧忌大臣反對，她怎麼可能越過王位，直接稱帝呢？

第二、功臣派勢力強大。

呂后是開國皇帝的皇后，她面對的是與開國皇帝一塊兒打天下的功臣元老。此時，儘管蕭何、曹參、張良等人已經故去，但是，陳平、周勃、灌嬰等一大批開國功臣仍然健在。

呂后可以立一個小皇帝施行「太后臨朝」，因為這並未改變劉姓江山；如果她直接稱帝，那就是改朝換代。皇族派、功臣派就會聯手對付呂后，呂后還不敢冒此風險。所以，呂后稱制，並未受到朝中重臣如陳平、王陵的反對；朝野上下都認同了呂后以太后身分臨朝稱制。

如果呂后正式登基稱帝，那就完全不同了。因此，雖然都是呂后行使皇帝的權力，但是，呂后要想稱帝，皇族派和功臣派就會聯手滅呂。

呂太后能夠任意廢立皇帝，權力大到這種程度，劉邦諸皇子的命運又會如何呢？

皇子命運

劉邦死後，呂后掌握了朝政大權，瘋狂迫害戚夫人和趙王劉如意。儘管惠帝劉盈親自出面保護趙王劉如意，呂后還是伺機毒死了劉如意。呂后既然如此凶殘，劉邦其他幾位皇子的命運又將會如何呢？

齊王遇險

劉邦共有八個兒子，庶長子劉肥，被封為齊王。次子即嫡長子劉盈，繼位為皇帝（漢惠帝）。再次為庶子劉如意，戚夫人生，被封為趙王。再次為庶子劉恒，薄夫人生，被封為代王（漢文帝）。再次為劉恢，初封梁王，後改封為趙王。再次是劉友，初封淮陽王，後改封為趙王。再次為淮南王劉長（音「常」），最小的是燕王劉建。

無論劉邦有幾個兒子，有一點是肯定的：嫡長子劉盈是法定繼承人。按說，自己的兒子穩穩當當地在劉邦去世後當了皇帝，呂后應該是十分滿意。依照常理，在廢立之爭中獲得勝利的呂后，會因為幸福而變得分外寬容。

她有幸福感嗎？她會怎樣對待趙王劉如意之外的其他皇子呢？

劉肥是劉邦的庶長子，劉邦即位的第二年（漢六年，前二〇二）被封為齊王。這是劉邦即位後第一次分封同姓王。劉邦此次封了三位劉姓王，只有劉肥是劉邦的庶長子。此時，劉邦其餘諸子尚年幼，無法加封。

這次大封同姓王是在剝奪了韓信的楚王後進行的，劉邦此次將齊地七十二城分給了劉肥（子肥為齊王，王七十餘城，民能齊言者皆屬齊——《史記·高祖本紀》）。

惠帝二年（前一九三）十月，齊王劉肥來朝。惠帝為齊王劉肥舉行了兄弟之間的家宴。惠帝因為劉肥是兄長，就讓劉肥坐了上座；劉肥也未加多想，就在上座坐下（孝惠與齊王燕飲太后前，孝惠以為齊王兄，置上坐，如家人之禮——《史記·呂太后本紀》）。

惠帝請長兄齊王上座，完全是出於真心、真情，顯示了他為人的平和。

劉肥為什麼敢於在皇帝面前坐上座呢？

一是感到惠帝確實是真心。

二是覺得自己確為長兄。

三是認為宮中家宴可以不拘君臣之禮。

四是沒有細想此事會觸犯呂后。

但是，呂后可不這麼想。她看見劉肥竟然坐了上座，自己的兒子惠帝竟然下座陪侍，勃然大怒，立即命令準備兩杯毒酒，送給齊王，讓齊王用這兩杯酒向自己敬酒。

劉肥不知道這兩杯酒的厲害，端起酒來準備向呂后敬酒。對劉肥來說，呂后是他的嫡母，又是皇太后。太后讓自己敬酒，他趕緊端起了酒杯。惠帝不知道其中的奧妙，因看見兄長齊王起身敬酒，他也端起了其中一杯酒一塊兒敬呂后。呂后看見惠帝端起了毒酒，臉色大變，立即動手打翻了惠帝的那杯酒。齊王劉肥看到太后親自打翻惠帝手中的酒杯，感到非常奇怪，便裝出喝醉的樣子，酒也不敬了，搖搖晃晃、匆匆忙忙地離開了皇宮。

回到自己的官邸一打聽，才知道自己端起來的那杯酒和太后打翻的那杯酒，都是毒酒。

齊王頓時嚇呆了！知道自己冒犯了太后。

呂后為什麼會因為家宴的座次動了殺機呢？

第一、齊王違背君臣之禮。

齊王雖為兄長，但是，惠帝是君，齊王為臣；只有臣子侍奉君王，豈有君王侍奉臣下？齊王劉肥此事處理確實失當。但是，在此有一個重要的前提，就是惠帝要求執兄弟之禮。齊王的失誤在於他沒有堅持執君臣之禮，但是，畢竟惠帝與齊王為同父異母的親弟兄；齊王縱然失禮，但是，罪不至誅啊！

第二、呂后認為齊王未將當今皇上放在眼裡。

呂后為什麼會因為齊王失禮而要當場毒殺劉肥呢？

呂后認為劉肥自恃長兄，而沒有將已經當了皇帝的弟弟放在眼裡，有非分之想！

劉肥在高祖八男中排行第一，但是因為他是庶出，非嫡長子，因此，他雖為兄長，卻不能繼承帝位。劉肥完全承認自己的庶出身分，從來沒有想當太子的念頭；但是，呂后卻認為劉肥失禮的舉動是有非分之想。

呂后的想法不能說全無道理，只是過於敏感。

和呂后這種過於敏感的人打交道非常累，每句話、每個動作都要前思後想，稍有不慎，隨即招來殺身之禍；古人常云：伴君如伴虎。當指此而言。

呂后年輕時為什麼不是這樣？

為什麼因受劉邦牽連被關進獄中受到獄卒虐待，她沒有大怒？

為什麼劉邦封劉肥為齊王時她沒有大怒？

此一時，彼一時！

彼時的呂后尚無那麼大的權力！

權力異化了呂后，使她成為疑神疑鬼之人！同時，手中毫無節制的權力又使她可以為所欲為。

齊王非常害怕，認為自己這次是出不了長安了。他的內史（西漢諸侯國中主管民政的官員）對他說：「太后只有惠帝和魯元公主兩個親生孩子。如今大王的齊國有七十多座城，魯元公主只有幾個城的食邑。如果大王能拿出一個郡奉獻給太后，做為魯元公主的湯沐邑（指皇帝、太后、公主等收取賦稅的私邑），太后一定很高興（齊內史士說王曰：太后獨有孝惠與魯元公主，今王有七十餘城，而公主迺食數城。王誠以一郡上太后，為公主湯沐邑，太后必喜，王必無憂——《史記．呂太后本紀》）。」

齊王劉肥是漢初分封同姓王時受封時間最早、受封面積最大、國力最強、人丁最旺的皇子。因為劉邦諸子年幼，漢初分封同姓王時皆無法主持國政。劉肥年長，因此，劉邦便把最大的齊國封給了劉肥。當時，呂后心中肯定不滿，但是，由於劉邦在世，呂后不便表現出來罷了。

劉邦去世，惠帝即位，齊王劉肥的廣袤國土便成了呂后下手的主要目標。

齊王聽了內史的話，主動提出把城陽郡獻給魯元公主，並且主動提出尊魯元公主為王太后，自己做呂后女兒的「兒子」——這是一個喪盡人格尊嚴的馬屁！

這是讓哥哥做妹妹的「兒子」。這種喪盡人格的主意呂后會同意嗎？

呂后的反應竟然是三個字：「喜，許之」，「喜」，高興啊；自己的女兒增加了湯沐邑，當然高興啊；「許之」，答應了。

接受湯沐邑，還只是貪婪。

更讓人齒寒的是做為兄長的劉肥被逼無奈，竟然尊自己的同父異母的妹妹魯元公主為「母親」！

這簡直是聞所未聞！劉肥的無奈，呂后的霸道、貪婪、無恥，暴露無遺！

呂后欣喜之餘，還叫自己的兒子、女兒親自到齊王劉肥在京城的官邸，為自己的女兒舉行了隆重的認「兒」儀式。極盡歡娛之後，才放齊王劉肥回國。

呂后與戚夫人有情敵兼政敵的雙重關係，因此，呂后殘害戚夫人、殺害劉如意還算可以讓人理解；但是，嫡長子劉盈與庶長子劉肥在嫡庶界線分明的漢代，毫無競爭。僅僅因為惠帝尊劉肥為兄而讓劉肥坐了上座，呂后竟然備下兩杯毒酒，企圖加害劉肥，太過分了。因為，劉肥也是劉邦之子啊！對待同父異母的兒子竟然下此毒手，讓人齒寒。

如果不是惠帝不知內情，端起了一杯毒酒，齊王劉肥恐怕早就撒手人寰了。

呂后的這種霸道行徑為後來皇族派消滅諸呂埋下了禍根，呂后死後，發動誅殺諸呂行動的正是劉肥的兩個兒子劉襄和劉章。劉章在京城，劉襄在齊地，一個內應，一個外合。劉章發難，劉襄舉兵。一場誅除諸呂的風暴響徹大地。

劉肥因為獻邑、認母示忠得到呂后大大欣賞！所以，最終劉肥一生，呂后都沒有再為難他。但是，這是一個危險信號。

最後瘋狂

從惠帝二年齊王劉肥事件之後，到呂后去世前一年的高后七年（前一八一），這十二年之中劉邦諸皇子還相當平靜。除了惠帝元年被殺的劉如意、惠帝七年病卒的劉盈，其他諸皇子都平安無事。

呂后於高后八年（前一八〇）去世。她去世的前一年，突然出現了一系列令人震驚的事件。

惠帝元年十二月趙王劉如意被殺後，呂后選派了劉邦的第六子淮陽王劉友繼任趙王。

劉友的王后是呂后的娘家人，劉友偏偏不喜歡呂后給他指定的這門親事，而喜歡其他女人。

呂后將呂姓諸女許給劉邦諸子的初衷是為了加強劉、呂兩姓的聯繫。劉邦諸子都是皇子，不需要任何人捧他們，他們就是天生的皇族。呂姓諸女則不同，她們需要和劉邦諸子聯姻之後才能進入皇族圈。

但是，嫁給劉姓皇族的呂姓諸女大都倚仗呂后的勢力，根本沒有把劉姓諸王放在眼裡。劉友的這位王后更是厲害。諸侯王多嬪妃是習見之事，但是，這位呂姓王后卻非常惱怒，竟然跑到呂后那兒告黑狀，誣陷劉友說過：「姓呂的怎麼能稱王？太后百年之後，我一定要滅了這些姓呂的。」

此話劉友肯定沒有講，但是，趙王王后的告狀呂后肯定相信。因為呂后認為：自己對諸呂寵愛有加，劉姓諸王一定會對此不滿。所以，劉友說這種話一點不奇怪。果然，呂后聽到這個消息，立即下令召趙王劉友進京。

高后七年一月，趙王劉友進京以後，呂后並不見他，而是將他安置在趙王的駐京辦，派士兵圍起來，不給他食物。隨同劉友進京的官員偷偷地給他送點吃的，呂后將送東西的臣子都抓起來處死。餓極了的趙王，臨死前唱了一首楚歌：

諸呂用事兮劉氏危，迫脅王侯兮彊授我妃。我妃既妒兮誣我以惡，讒女亂國兮上曾不寤。我無忠臣兮何故棄國？自決中野兮蒼天舉直！于嗟不可悔兮寧蚤自財。為王而餓死兮誰者憐之！呂氏絕理兮託天報仇！（《史記．呂太后本紀》）

這首歌講什麼呢？

呂氏掌權啊劉氏危險，強迫我啊娶了呂姓的王妃。我的王妃既妒啊又會誣陷，女人進讒亂國啊嫡母竟然受騙。我不是沒有忠臣啊怎麼會失國？中途自盡荒野啊只有蒼天可鑑。可惜悔之已晚啊寧願早入黃泉，身為趙王被餓死啊有誰可憐！呂氏滅絕天理啊只有祈盼蒼天報此仇冤。

幾天之後，劉友餓死。

一位皇子活活餓死，呂后如何處理後事呢？

呂后以普通百姓的禮儀把趙王劉友埋葬在京城百姓的墓地中。

劉友是第一任趙王劉如意被殺後被害的第二任趙王，已經是無獨有偶了，這種悲劇還會重演嗎？

高后七年二月，在劉友死後十幾天，呂后又把劉友的哥哥梁王劉恢改封為趙王。

已經有兩任趙王死在趙王的王位上，新封的趙王劉恢能否避免重蹈前兩任趙王的覆轍呢？

劉恢的妻子也是呂后指派的，而且這位呂氏王后地位更高，她是呂產的女兒。呂產是呂后的侄子，也是呂后在朝中最主要的倚靠力量，官拜相國，非常得勢。呂產的女兒仗著其父的權勢，在劉恢的宮中到處安排呂氏宗族，掌握宮中大權，而且還監視趙王劉恢，使劉恢沒有一點點行動自由。

劉恢寵幸一位宮女，王后派人把她毒死。劉恢非常癡情，對這位宮女非常喜愛。自己最寵愛的宮女被殺，劉恢悲憤欲絕。但是，他對專橫跋扈的妻子什麼都不能做，也不敢做。

餓死劉友（選自《兩漢開國中興志傳》）

高后七年六月，第三任趙王劉恢自殺。

身為趙王的劉恢為什麼要自殺呢？

一是沒有愛情。

二是沒有自由。

匈牙利詩人裴多非曾以「生命誠可貴，愛情價更高。若為自由故，兩者皆可拋」一詩名聞中華大地。兩千年前的劉恢恰恰是既無愛情，又無自由，他的自殺當屬必然。

呂后知道第三任趙王自殺，她會反省自己的作為嗎？

恰恰相反，呂后認為劉恢為了一個女人而放棄他做為諸侯王的職責，於是下令廢掉劉恢兒子的王位繼承權。

三任趙王悉數遇難，呂后會放下手中的屠刀嗎？

在趙王劉恢死後的當年秋天，呂后派人告訴代王劉恒，讓他繼任趙王。

呂后此舉是對代王示好嗎？

大限將至的呂后正處在最後的瘋狂期。高后七年一月至六月這半年中，她連續迫害兩位劉姓皇子劉友、劉恢致死，緊接著她讓代王劉恒做第四任趙王。

劉恒是高祖十一年八歲時被立為代王的。代地非常偏遠，代王的力量也非常弱小。

但是，代王劉恒接到呂后的詔令後，立刻上書表示自己願意為嫡母守護邊陲。

呂后對代王劉恒的小心謹慎較為放心，劉恒的母親又是最不受劉邦寵愛的后妃。僅僅是劉邦與劉恒母親的一夜之情，生下了劉恒。從此，劉邦再也沒有召幸過其母。因此，呂后在劉邦去世後，在所有劉邦的嬪妃中只放走了劉恒的母親到代地和兒子同住，其他嬪妃一概扣押不准出宮。

身居邊疆的代王劉恒為什麼不願做中原的趙王，非要在邊陲一隅當個代王呢？因為，三任趙王的悲劇結局已經使劉邦八子中的倖存者心驚膽戰了。

呂后答應了劉恒的要求。在呂后最後瘋狂的高后七年，只有代王劉恒一人是靠自己的政治智慧保全了性命。

高后七年九月，燕靈王劉建死。劉建是劉邦最小的兒子，他沒有等到呂后動手就病死了。劉建沒有嫡子，但有後宮美人（古代嬪妃的封號）生的一個兒子。依照慣例，劉建的這個兒子應當繼承劉建的燕王之位。但是，呂后另有想法。她沒有讓劉邦的這個孫子繼承燕王之位，而是派人殺了劉建的這個兒子，以劉建無後為名，撤銷了燕國。

高后八年呂后就去世了，這一年出現的一連串事件，是不是呂后對大限將至的預感呢？

皇子奇蹟

瘋狂的高后七年，呂后逼死了兩位趙王，燕王病死，兒子被殺。加上早已經去世的惠帝劉盈、被毒死的劉如意和惠帝年間病死的齊王劉肥。這瘋狂的一年中，劉邦八子中存世的皇子只剩下兩位：一位是依靠政治智慧而倖存下來的代王劉恒，那麼，另一位皇子是誰？他為什麼能夠活下來？

事情還得從高祖三年說起。

漢三年，韓信奉漢王劉邦之命攻打趙國時，張耳奉命與韓信一同參戰。攻下趙國後，張耳被封為趙王。漢五年，張耳病死，他的兒子張敖繼位為趙王，劉邦、呂后還把自己唯一的親生女兒嫁給了趙王張敖（子敖嗣立為趙王，高祖長女魯元公主為趙王敖后——《史記·張耳陳餘列傳》）。

由於劉邦非常信任張耳，劉邦把自己和呂后的女兒嫁給張耳的兒子張敖。張耳在劉邦起兵反秦之前就和劉邦是親密舊交，當時劉邦毫無名氣，但是，張耳已經是名士，劉邦慕名拜訪張耳，受到張耳禮遇。所以，張耳和劉邦的關係非同一般。

高祖七年，劉邦從平城與匈奴作戰返京，路過趙國。因為張敖與劉邦誼屬君臣、情兼翁婿，所以，趙王張敖接待劉邦非常熱情、周到，他親自脫去外衣，戴上皮套袖，自己動手為劉邦端飯上菜，但是，劉邦卻表現得非常傲慢，「箕踞詈」（《史記·張耳陳餘列傳》）。箕踞，伸長雙腿而坐，狀如箕。這是古代一種非常放肆、無禮的樣子。「詈」，是罵。所以，劉邦伸著雙腿罵張敖，非常傲慢。

趙王張敖自持案進食，禮恭甚，高祖箕踞罵之。（《史記·田叔列傳》）

貫高是趙王張敖的國相，他實在看不慣劉邦對張敖的傲慢無禮，便勸張敖，您對皇帝非常恭敬，而皇帝對您太傲慢，請您同意我們殺了他。

張敖齧其指出血，曰：君何言之誤！且先人亡國，賴高祖得復國，德流子孫，秋毫皆高祖力也。願君無復出口。（《史記·張耳陳餘列傳》）

張敖會同意謀反嗎？

張敖聽了貫高的話，咬破指頭，出血盟誓說，你說的不對，我們是靠高皇帝才恢復了故國，今天所有的恩澤都源於皇上，希望你再不要說這樣的話。但是，貫高諸人心中忿忿不平，決心要謀殺劉邦。並決定：事成功歸趙王張敖，事敗獨自承擔罪名，絕不連累趙王。

漢八年，劉邦再次經過趙地。貫高等人便在柏（音「百」）人縣（今河北隆堯縣）劉邦下榻賓館的夾牆中埋伏了刺客。

劉邦住下後，心中突然感到不安，便問：這是什麼地方？隨從告訴他是柏人縣。劉邦說：「柏人者，迫於人也。不宿而去」（《史記．張耳陳餘列傳》）。

原來，「柏」字還可以讀成「ㄅㄛˋ」，與「迫」古音相同，所以，劉邦便認為「迫人」不吉利，連夜起身走了。貫高謀殺劉邦的計畫因此流產。劉邦這次躲過一劫實在令人不可思議，他為什麼會感到心中不安？為什麼破例連夜趕路？

貫高行刺失敗，他會不會受到懲罰呢？

漢九年，貫高的仇家知道了這個消息，便向劉邦舉報。劉邦聽說後，非常震驚，於是把趙王、貫高及趙王宮中一干人等一塊兒抓捕。

貫高等參與此事的人爭著自殺，貫高大罵他們：「誰讓你們這樣做？如今大王無罪而被捕，你們要是都死了，誰還大王清白？」於是，囚車押著張敖、貫高送往京城。

劉邦下令：誰敢跟著趙王張敖進京，一律滅族。除了被逮捕的張敖、貫高之外，其他參與此事的十幾個人都剃光了頭髮，戴上鐵圈，以家奴的身分隨同趙王張敖進京。

進京之後，貫高在受審時說：「只有我一個人設謀，趙王根本不知道這件事。」獄卒嚴刑逼供，打了上千板子，又用錐子刺遍全身。貫高皮開肉綻，全身找不到一處未受傷而可以下錐的地方。但是，貫高始終不改口供。

主審的廷尉（九卿之一，相當於最高法院院長）將貫高受審的詳情報告了劉邦。高祖聽完貫高遭受酷刑絕不出賣張敖的彙報後，長嘆一聲：壯士啊！誰和他是朋友，讓他以個人的身分找他談談。

中大夫（皇帝的侍從官，掌管諫納）泄公是貫高的好友，他說：「貫高是我的老鄉，他是趙國最講義氣、重諾言的義士。」於是，劉邦派泄公去監獄中見貫高。

貫高被人用擔架抬過來，看了看來人說：「你是泄公吧？」泄公趕快安慰貫高，像平常老朋友見面那樣，寒暄了好一陣兒，泄公問：「趙王真的沒有參與此事嗎？」貫高回答：「誰不愛自己的父母妻子？如今我的父母妻子都要因為我犯法而被處死，我怎麼會拿自己的父母妻子去換趙王的命呢？趙王確實沒有謀反，就是我們幾個人做的。」貫高詳細地說明了趙王不知內情的經過，泄公將情況向劉邦做了詳細彙報。

得到真實情況的劉邦會怎麼處理張敖、貫高呢？

劉邦立即赦免了趙王張敖，但是，張敖的趙王已經不能再當了，但是，張敖還是自己的女婿，於是，劉邦改封張敖為宣平侯。

這件事讓劉邦非常欣賞貫高的為人，他派泄公告訴他趙王張敖已被釋放，並說自己很欣賞貫高，因此赦免貫高。

貫高會接受劉邦的赦免嗎？

貫高很高興地說：「我之所以不死，就是為了證明趙王張敖未謀反。如今趙王獲釋，我的責任已經完成了，死無遺憾了。做為人臣，犯了謀逆之罪，有何顏面見皇上呢？即使皇上赦免了我，我難道心中就不慚愧嗎？」於是，他在獄中割斷自己的頸動脈而死。

貫高自殺的消息立即傳遍了天下。

另外，貫高謀反與劉邦之子有何關係呢？

原來劉邦於高祖八年第二次路經趙國時，趙王張敖將自己的一位後宮美人獻給劉邦，劉邦因為感覺柏人縣的縣名不吉利，未住下來就離開了。但是，這位美人卻因和劉邦的一夜情而懷了孕。張敖聽說美人懷了孕，立即把她安置在王宮外單獨居住。

第二年（高祖九年），貫高事件暴露時，這位懷著龍子的美人隨同趙王王宮的人一起被關押。於是，她將自己懷了劉邦孩子的事報告了獄吏。

獄吏聽說，不敢怠慢，立即上報高祖劉邦。

此時，劉邦正因為女婿謀殺自己的事非常生氣，便沒有理會這件事。這位懷孕的女人想透過呂后上達天聽，沒想到呂后因為嫉妒她懷孕，根本不願幫忙。於是她又找上呂后的寵臣審食其，審食其雖然有所行動，但並未盡力。所以，這位懷了龍子的女人一直被關押著，等到孩子一生下來，她便因為惱怒而自殺了。

等接到這位女子生子的消息，劉邦氣也消了，聽說生了個兒子，劉邦心中很後悔，就趕快派人把兒子領回來，並親自交代讓呂后撫養，並安葬了孩子的生母。

這個命大的兒子，就是劉邦的第八子劉長。

劉長兩歲（高祖十一年），劉邦平定黥布叛亂之後，便將黥布的封地轉封劉長。這就是歷史上的淮南王劉長。

淮南王劉長一直隨呂后長大，因此，和惠帝劉盈、呂后的關係非常親密。呂后稱制期間，淮南王劉長是唯一沒有受到呂后迫害的皇子。在劉邦諸皇子中，劉長的命運是最為獨特的。

此事說明呂后並非全無人性，俗稱虎毒不食子。呂后殘忍地殺害了高祖劉邦的三個皇子，還殺了燕王的兒子；但是，她沒有殺害由她撫養成人的淮南王劉長。同為劉邦的皇子，但是，命運卻迥然不同！

呂后在「最後的瘋狂」中殘殺了兩位皇子、一位皇孫，其實，呂后在此時大開殺戒，心中還深藏著一個不可告人的目的；那麼，這一不可告人的目的究竟是什麼呢？

大封諸呂

呂后在瘋狂的高后七年，大開殺戒，殺了劉邦的三個兒孫。呂后是一個深諳權力的人，但是，呂后卻並不完全懂得政治。大殺劉姓諸王難道不會引起皇族派的反對？同理，大殺劉邦子孫也會在功臣派中引發軒然大波。既然如此，呂后為什麼還要這樣做？大殺劉姓諸王的背後隱藏怎樣的玄機呢？

嚴控軍權

朱元璋立長子朱標當了太子後，有一天，朱元璋拿了一個長滿刺的樹枝遞給朱標，朱標看了看樹枝上布滿了刺，猶猶豫豫不敢接。朱元璋笑了笑說，我把這上面的刺一個一個給你剔掉，你敢接了吧？朱標點點頭。

朱元璋與太子朱標這番話意味深長，這一個個刺指的就是明代的開國功臣。後來，朱元璋果然把開國功臣一個一個全殺掉了。但是，非常可惜，當朱元璋把樹枝上的刺都拔完之後，太子朱標竟然病死了，到底還是沒有接手朱元璋給他剔完刺的樹枝。

歷史真是無獨有偶。

當呂后將開國功臣韓信、彭越一個一個除掉之後，又將當年曾經威脅太子之位的趙王劉如意也除掉之後，已經當上皇帝的惠帝劉盈竟然二十四歲早夭了（也沒有來得及接手母后為他剔完刺的樹枝）。

呂后殘酷虐殺戚夫人，氣出夠了，威風也擺盡了，可是，當她向兒子惠帝炫耀此事時，卻讓兒子受到了重大刺激。從此，惠帝劉盈荒疏朝政、沉湎聲色，七年後就病逝了。

這是呂后為虐殺戚夫人付出的重大代價！

惠帝劉盈的去世，使呂后真切地感受到孤獨的滋味。

惠帝是呂后獨子，是呂后生命的延續，是她掌權的希望。呂后殺功臣、誅趙王，喪盡天良，為的即是讓惠帝平穩執政。但是，當她把這一切都做完了，惠帝卻死了，她能不傷心嗎？

更何況她是老年喪子啊！

喪夫、喪子，她所有的希望、所有努力都白廢了，做為一個女人、一個母親，她該多悲痛？可她卻在惠帝發喪時哭而不泣，只哭不流淚，這是乾嚎啊！這究竟是為什麼呢？誰會發現呂后這個祕密呢？

太后發喪，哭而泣不下。留侯子張辟彊為侍中，年十五，謂丞相陳平曰：太后獨有帝，今哭而不悲，君知其解未？陳平曰：何解？辟彊曰：帝無壯子，太后畏君等。今請拜呂台、呂產為將，將兵居南北軍，及諸呂皆官，居中用事。如此則太后心安，君等幸脫禍矣！丞相如辟彊計請之，太后說，其哭迺哀。（《漢書．外戚列傳》）

七年秋八月戊寅，孝惠帝崩。發喪，太后哭，泣不下。留侯子張辟彊為侍中，年十五，謂丞相曰：太后獨有孝惠，今崩，哭不悲，君知其解乎？丞相曰：何解？辟彊曰：帝毋壯子，太后畏君等。君今請拜呂台、呂產、呂祿為將，將兵居南北軍，及諸呂皆入宮，居中用事，如此則太后心安，君等幸得脫禍矣。丞相迺如辟彊計，太后說，其哭迺哀。呂氏權由此起。（《史記．呂太后本紀》）

侍中（皇帝的侍從官）張辟彊發現了呂后這個祕密。張辟彊是張良的兒子，此時僅有十五歲。

張辟彊悄悄地對時任丞相的陳平說：「太后只有惠帝一個兒子，如今兒子死了，她卻哭不出淚來，你知道這是為什麼嗎？」

陳平說：「怎麼回事？」

張辟彊說：「惠帝死得太早，沒有成年的兒子。太后擔心你們這幫老臣不會甘心侍奉另一個少主。您現在奏請太后兩件事：

第一、讓呂產、呂祿統領南軍、北軍。

第二、讓諸呂進宮，掌握宮中之事。

這樣，太后心裡就踏實了，你們這些大臣也就可以免於被太后猜忌殺戮的災難了。」

呂產、呂祿都是呂后的侄子。呂產是長兄呂澤的兒子，呂祿是次兄呂釋之的兒子。

陳平聽完張辟彊的話，馬上表示同意，而且，立即進宮向太后建議：讓呂產、呂祿掌握南北軍，讓諸呂進宮掌握宮中之事。

呂后聞言，自然是喜出望外。等到呂后的侄子呂祿掌握了北軍、呂產掌握了南軍，呂后哭祭惠帝時，傷心的淚水才落了下來（丞相迺如辟彊計，太后說，其哭迺哀。呂氏權由此起——《史記．呂太后本紀》）。

司馬遷在記述這一事件時，特地寫上「呂氏權由此起」一句，這句話絕非虛言。

因為，張辟彊這個主意的要害是謀身不謀國、安呂不安劉。

南軍、北軍是漢代保衛京城的兩支國防軍。南軍駐守城南，北軍駐守城北，主要任務是護衛京城。而且，北軍的力量比南軍更強。

誰要是掌握了漢代京城的南軍、北軍，誰就等於掌握了京城的兵權。在此之前，漢代京城的南軍、北軍一直在太尉周勃的掌控之中。

張辟彊的意見如果獲採納執行，那麼，呂后就徹底控制了京城地區的軍權，呂后對政權的控制就大為增強。

從此，漢代軍權全部落入呂氏手中。

陳平難道不知道京城南北二軍的重要性嗎？他為什麼要這樣做呢？

陳平此舉，在於自保。

自保對於陳平來說由來已久。劉邦病重之際，陳平已經在考慮劉邦身後自家的安全了——善於自全。

一是不執行劉邦「平至軍中即斬噲頭」的詔令。

二是不執行呂后讓陳平、灌嬰屯兵滎陽的詔令。

陳平不執行第一道詔令是劉邦所下。劉邦臨終突然要殺樊噲，陳平為了在呂后執政時預留後路，沒有執行劉邦的命令，以免因為執行高祖命令殺了樊噲而與呂嬃結仇。

呂嬃是呂后的親妹妹，陳平這次奉詔誅殺樊噲雖是奉劉邦的詔令，但是，劉邦一旦去世，呂后肯定是實際的執政者。殺了樊噲，呂嬃豈能善罷甘休。因此，他只押解樊噲回京，而不執行就地處決的命令。真要殺樊噲，讓劉邦自己殺，自己絕不手沾鮮血。事實證明陳平的這個決定對他自保極為有利。

呂嬃在劉邦去世後，多次在姊姊呂后面前詆譭陳平，但是，因為陳平預留了後路，呂嬃的話呂后始終未聽。

陳平不執行第二道詔令是擔心在外帶兵易受宮中讒譭，因此，他接受了呂后讓他率兵駐守滎陽的詔令後，並沒有和灌嬰一樣留在滎陽帶兵，而是星夜趕回宮，在劉邦的靈前哭靈。由於陳平哭靈哭得十分傷心，連呂后都大受感動。陳平哭祭完畢後，呂后讓他回家休息；但是，陳平仍然怕自己一旦出宮會遭人讒譭；因此，他要求留在宮中任職。呂后因此改變初衷，任命陳平為郎中令，主管宮中事務（平受詔，立復馳至宮，哭甚哀，因奏事喪前。呂太后哀之，曰：君勞，出休矣。平畏讒之就，因固請得宿衛中。太后迺以為郎中令，曰：傅教孝惠——《史記．陳丞相世家》）。

陳平在劉邦彌留、去世後的這些作為，讓我們看到了陳平「保全自己高於一切」的行事原則。

陳平的「自全至上」，使他在政權交替之際保全了自己，但是，這個處事原則使呂后在自己執政期間能夠肆無忌憚地攫取權力。

攫取了京城軍權的呂后還會做什麼呢？她的目的難道僅僅是為了奪取軍權嗎？

王陵抗旨

呂后的兩個侄子掌握了京城軍權後，呂后就想封其他幾個侄子做王。這才是呂后瘋狂迫害劉邦子孫的真正原因。但是，這件事在漢代可不是一件小事。

因為，劉邦晚年曾經與諸大臣有一個「白馬盟誓」，其中心內容是非劉氏者不得為王。

這對呂后是一個緊箍咒！

呂后首先試探大臣的口風，看看此事有多大阻力。

她先問當時的右丞相王陵。王陵是劉邦臨終前特意交代的丞相，此人是劉邦家鄉沛縣的豪強。劉邦反秦起兵前，對王陵像對待自己的兄長一樣。劉邦起兵後，王陵也聚集了幾千人，占了南陽。一直到劉邦被封為漢王後，與項羽在南陽決戰，王陵才投靠劉邦。

項羽因此抓了王陵的母親，王陵派使者向項羽交涉。項羽讓王陵的母親坐在面向東的尊位上，表示自己沒有虐待陵母，想讓陵母招王陵背漢歸楚。陵母在私下送別使者時說：「替我告訴我兒，好好跟隨漢王，漢王是個長者，不要因為我在楚軍軍營中而胸懷貳心，今我以死來送別。」說完奪劍自殺。從此，王陵忠心耿耿地跟隨劉邦。

而且，王陵這個人性情耿直，說話從不拐彎抹角。

所以，呂后一問他諸呂封王之事，王陵馬上回答：「高皇帝行白馬盟誓，不姓劉而封王，天下人可以共同擊滅他。現在要封呂姓為王，不符合高皇帝的『白馬之盟』。」

呂后聽完後，又問左丞相陳平和太尉周勃。

陳平、周勃回答道：「高皇帝平定天下，所以，分封劉姓子弟；如今太后稱制，分封呂姓子侄，沒有什麼不合適。」

呂后一聽，大喜過望。

退朝後，王陵責備陳平、周勃：「當年和高皇帝歃血為盟時，你們不都在場嗎？如今高皇帝去世，太后想封諸呂為王，你們為什麼迎合太后、違背白馬之盟呢？你們這樣做，將來有何臉面在地下拜見高皇帝呢？」

陳平、周勃回答說：「今天在朝堂上當面頂撞呂后，我們確實不如你；但是，最終安定社稷、安定劉姓江山，你不如我們。」

王陵聽了他倆的辯解，什麼也沒說（陳平、絳侯曰：於今面折廷爭，臣不如君；夫全社稷，定劉氏之後，君亦不如臣。王陵無以應之——《史記．呂太后本紀》）。

王陵抵制呂后分封諸呂一事不可能成功，但是，他的行為使呂后在分封諸呂時不得不極為顧忌。王陵犧牲了自己的仕途，但是，王陵代表了功臣元老派對呂后擴大外戚派勢力的一種重要遏制力量。

陳平、周勃迎合呂后以求自保，極大地助長了呂后的勢力。

王陵抵制呂后分封呂姓為王，使呂后非常非常惱怒。於是，她假稱皇帝需要太傅，將王陵調任為「前少帝」的太傅（輔佐天子治理天下的三公之一），實際上不用王陵（呂太后怒，迺詳遷陵為帝太傅，實不用陵——《史記．陳丞相世家》）。

王陵當然明白自己「升官」的理由，乾脆請病假不再上朝，七年之後就病死了。

呂后罷了右丞相王陵的官，便把迎合她的陳平由左丞相升為右丞相，並正式任命她的幸臣審食其任左丞相。

大封諸呂

掌握了京城的軍權，排除了妨礙自己大封諸呂的最大障礙右丞相王陵，呂后敢於直接大封諸呂了嗎？

沒有。呂后首先要做的是安撫劉氏皇族派和功臣元老派。

她怎麼安撫這兩派人馬呢？

呂后投石問路，她首先封她已故的長兄呂澤為悼武王。呂澤已於高祖八年去世，呂后認為，封一個死人為王，阻力不會太大。但是，封一個呂姓王可以試探出其他兩派的態度。

在呂后的高壓之下，呂后封其長兄為王一事果然風平浪靜，沒有引起功臣派的激烈反抗。

再封異姓王張敖。接著，呂后封自己的女婿張敖為魯王。這是呂后所封又一位非劉姓諸侯王。但是，這位異姓王是劉邦的女婿，這種特殊性可以封住兩派的嘴。但是，這仍然是公開破壞劉邦「非劉不王」的原則。

大封諸呂（選自《新刊全相平話前漢書續集》）

為了減少阻力，呂后又封了幾位功臣為侯，藉此安撫功臣元老派。呂后封異姓為王，最不滿意的是劉姓皇族派，因此，安撫劉姓皇族勢在必行。呂后為此辦了兩件事。

一是封已故齊王劉肥的兒子劉章為朱虛侯，還將自己的侄子呂祿的女兒許配給劉章為妻。

二是封惠帝劉盈的五位「後宮子」（「前少帝」除外）為兩王三侯。

完成這些分封後，開始著手分封呂姓諸王。

高后元年，呂后先暗示大臣，讓大臣們上奏，封她的侄子呂台（長兄呂澤之子）為呂王，割齊國的濟南郡為呂國。這是第一位在世的呂姓諸侯王。但是，非常不幸，當年十一月，第一位呂姓王呂王台病死，只得由他的太子呂嘉繼任為王。

高后六年，呂王嘉驕橫不法，呂后將他廢去；立呂王台的弟弟呂產（長兄呂澤之子）為呂王。

高后八年，在趙王劉友、劉恢相繼死後，陳平建議：封呂祿（次兄呂釋之之子）為趙王。三任趙王的血鋪就了呂祿被封趙王之路。

同一年，呂王產在梁王劉恢移封趙王後，被封為梁王。

這一年，燕王劉建死，他的嬪妃生的兒子被呂后殺死，並以無子為名除國。封呂台之子呂通（呂后侄孫）為燕王。

除了已經故去的呂王呂台，存世的呂姓王有梁王呂產、趙王呂祿、燕王呂通三位呂姓諸侯王。

同時，呂后還封了六位呂姓諸侯。

附：呂氏諸王表

長兄呂澤	周呂侯	
子呂台	酈侯	呂王
台子呂通		燕王
子呂產	交侯	梁王
次兄呂釋之	建成侯	
子呂祿	胡陵侯	趙王

呂后大封諸呂與劉邦「非劉氏者不得王」的白馬盟約大相逕庭，特別是以誅殺高祖三子為代價分封三呂王，劉姓皇族派難道沒有一點反應嗎？劉邦的後代都那麼窩囊嗎？劉姓皇族中連一位血性男兒都沒有嗎？

朱虛酒令

朱虛侯劉章是齊王劉肥的次子，高后二年（前一八六），呂后將劉章調入京城，充當皇帝的警衛，並封他為朱虛侯，還把呂祿的女兒嫁給他為妻。

高后六年（前一八二），又封劉章的弟弟劉興居為東牟侯。

呂后加封劉章、劉興居兄弟有祖母對孫子喜愛的一面，但更有拉攏劉姓皇族之意。齊王劉襄是高祖劉邦的長孫，是劉姓宗族中勢力最大的諸侯王，也是受害最深的諸侯王之一。而且，劉襄、劉章、劉興居三兄弟都非常能幹。因此，呂后先後加封劉章、劉興居兄弟，對齊王加以籠絡。

但是，劉章不滿呂氏專權，原因在於呂后的專權跋扈導致連續發生了三件事：

第一件事，高后七年一月，趙王劉友被呂后召入朝，餓死趙王於京城官邸中。

第二件事，高后七年二月，梁王劉恢被移封趙王，六月因呂氏王后專制而被迫自殺。

第三件事，高后七年九月，燕王劉建死，其嬪妃生子被殺，國除。

哥哥劉襄的封地接連被奪；兩個死去的趙王都是劉章的叔叔。劉章因此非常不滿，「忿劉氏不得職」。

「劉氏不得職」即是劉姓皇族不能在位掌權。

高后七年，劉章參加呂太后舉行的酒宴。劉章自請當酒宴上的行令官。他說：「我是將門之後，請准許我以軍法行酒令。」呂后隨口答應說：「可以。」

酒宴進行中，劉章向呂后敬酒，並提出要唱一首〈耕田〉歌，呂后一向拿劉章像小孩子一樣對待，因此，開玩笑說：「你父親知道種田之事，但你生下來就是王者之子，你怎麼會知道耕田呢？」劉章回答：「我確實知道。」呂后說：「那你唱給我聽聽。」劉章唱道：

深耕概（音「季」）種，立苗欲疏；非其種者，鋤而去之。

意思是說：種田要深耕密植，等到定苗時就要分布合理；凡不是自己種的，都要鋤掉。「概」，就是密。

劉章這首〈耕田〉歌，明顯含有深意：多生子孫，分到各地為王；不是劉姓者，都要除掉。

呂后聽了劉章這首歌，竟然「默然」，即沉默不言，沒有加罪劉章。

過了一會兒，一位客人大概喝多了，想逃席；劉章追上去，拔劍殺了這位呂姓逃席者。劉章殺了呂姓人，回來向呂后稟報：有一個逃酒之人，我已經按軍法殺了。

呂后身邊的人都大吃一驚。

但是，呂后在酒宴開始時已經答應劉章按軍法行酒令，所以，她並沒有懲罰劉章。

劉章在這次酒宴上的表現，外戚派感到害怕，功臣派非常欣賞，皇族派士氣大振。這一年，劉章剛剛二十歲，血氣方剛。

呂后為什麼對劉章的諷刺、殺呂氏逃席人如此寬容呢？

根本原因在於劉章娶了呂祿的女兒做妻子，呂祿是呂后侄孫中最受呂后寵愛的人。

劉章是呂后非常欣賞的年輕一代皇族，從輩分上看，他是呂后的孫子。劉章由於呂后的賞識封了侯，又調到京城擔任皇宮侍衛。在當時諸多劉姓皇族中，劉章是非常幸運的。但是，劉章仍然對劉姓皇族的現狀不滿。可見，對劉姓皇族現狀不滿的人非常多。這種不滿是呂氏外戚派處境不佳的真實寫照。

陸賈穿針

《史記．酈生陸賈列傳》記載了陸賈彌合陳平、周勃關係一事，並認為此事成為陳平、周勃聯手滅呂的前奏。

此事梗概：

呂后專政時，大封諸呂為王，諸呂擅權。右丞相陳平擔心自己阻擋不了，惹禍上身。因此，常常一人獨居思索。

有一天，陸賈前來拜訪，一直進到屋裡，陳平正專心思考，竟然沒有發現陸賈進來。陸賈開玩笑地說：「想什麼這麼專心？」陳平回答：「你猜猜。」陸賈說：「你貴為右丞相，位居列侯，食邑三萬戶，可說富貴到了頂點。還有什麼憂慮？要有憂慮也不過是憂慮諸呂和少主吧！」陳平問：「是的。那該怎麼辦？」陸賈回答：「天下安定，人們的眼睛盯著丞相；天下危險，人們的眼睛盯著將軍。將相一心，那麼士人會全心歸附。天下即使有變故，權力也不會分散。整個國家都在將相的掌握之中。我常想和太尉周勃講講這個道理，周勃老是和我開玩笑，不重視我的話。」

於是，陸賈為陳平出了幾個主意。陳平採納了陸賈的建議，拿出五百金獻給周勃，並準備精采的歌舞和豐盛的酒宴加以款待。周勃也以同等的禮節回報陳平，兩人於是頻繁往來。

陳平準備了一百位奴婢、五十輛車馬、五百萬錢，贈給陸賈做為餐飲費。陸賈因此周遊於公卿大臣之間，名聲響亮。等到誅滅諸呂，立漢文帝，陸賈出了大力。

《史記・酈生陸賈列傳》的這段記載成為呂后專權時，陳平預謀消滅諸呂的重要材料，因此，也可以看作是呂后大封諸呂帶來的嚴重後果。

呂后大封諸呂，讓呂產、呂祿掌管南北二軍，呂產做相國，可以說軍政大權盡歸呂氏，如此周密的安排是否可以保證呂氏宗族的長治久安呢？

《史記・酈生陸賈列傳》中有關太尉周勃和右丞相陳平交往一事在〈呂太后本紀〉、〈文帝本紀〉、〈陳丞相世家〉、〈絳侯周勃世家〉中都沒有記載，記載此事的只有《史記・酈生陸賈列傳》。文帝即位後，重賞了周勃、陳平，也沒有提及陸賈。如果確有此事的話，理應得到文帝的重賞；至少周勃、陳平會重謝陸賈。因此，我懷疑〈酈生陸賈列傳〉此段材料是否真實。

第一、功臣派反應溫和；呂后專權，大封諸呂，劉姓皇族是最大的受害者。因此，劉姓皇族率先做出反應是符合邏輯的。元老重臣雖然也受到一定的傷害，但那是間接的。劉邦死後，呂后用的大臣是劉邦臨終前交代的蕭何、曹參、王陵、陳平、周勃，並沒有立即傷害到元老重臣。直至呂后專權的後期，呂后才任命呂產為相國，位居陳平之上。漢代的丞相設左右兩人，右丞相地位高於左丞相。相國，一人，位在左右丞相之上。

呂產、呂祿分掌南軍、北軍，架空了太尉周勃，自然也引發了周勃的不滿。但是，比起皇族派的三趙王被殺，這個傷害顯然較小。因此，功臣派的反應相對較為溫和。

因此，陳平主動交往周勃為誅殺諸呂作準備可能性不大。

第二、陳平難以顧及皇權；陳平一生私心極重，多為自己打算。呂后專權的開始，即是由於他為自保而迎合呂后封諸呂為王所致。因此，他不可能為皇帝姓劉還是姓呂多做思慮。對他來說，不管皇帝姓劉還是姓呂，只要自己能任丞相，能掌大權即可。如此自私的丞相，哪有閒心考慮姓劉姓呂？

從文獻的記載與事理的分析兩方面看，這段史料都難以成立。因此，這段史料不可能成為功臣派誅殺諸呂的預謀。

雖然沒有文獻表明功臣派在呂后擅權時期的反應，但是，功臣派對呂氏一黨的跋扈相當不滿，應當屬實。

呂后殺功臣、誅皇子、封諸呂，把好端端的朝廷搞得烏煙瘴氣。這麼一位專橫凶殘的「女皇」，又會怎麼處理與鄰國的關係呢？

和親匈奴

殺父自立

惠帝六年（前一九二），獨攬皇權、志滿意得的呂太后突然接到匈奴單于冒頓（音「默讀」）的一封求婚書，稱自己獨居、呂后寡居，願與呂后結為百年之好。

陛下獨立，孤僨獨居，兩主不樂，無以自虞。願以所有，易其所無。（《漢書・匈奴傳》）

呂后見信，勃然大怒，她哪裡受過這種氣呢！呂后的大怒引發了朝廷重臣一面倒的出兵呼聲。

那麼，這位出言不遜的匈奴冒頓單于又是誰呢，他為什麼敢如此公開挑釁大漢王朝的呂后呢？

說起這位出言不遜的匈奴單于冒頓，可是一位鼎鼎大名的人物。

冒頓單于原是頭曼單于的太子，頭曼單于在世時，正是秦朝的鼎盛期。後來，頭曼單于又有了一位寵愛的閼氏（音「煙之」），這位得寵的閼氏生了一個兒子。頭曼單于由於喜愛這位閼氏，也非常喜愛這位小兒子，於是，頭曼單于便產生了廢立太子之心。但是，廢立太子一事又沒有合適的藉口。

最終，頭曼單于想出一個辦法，先把冒頓太子送到月氏國做人質。然後，頭曼率兵攻打月氏，月氏國因惱怒而要殺死人質冒頓。但是，冒頓竟然奇蹟般地偷了一匹良馬逃出了月氏國。

頭曼單于因此認為冒頓勇武異常，便讓他統率一萬騎兵。

有了兵權，冒頓便造了一種射出後能發出響亮叫聲的箭（鳴鏑），他訓練騎兵說：「凡是響箭所射的目標，誰不射，就殺

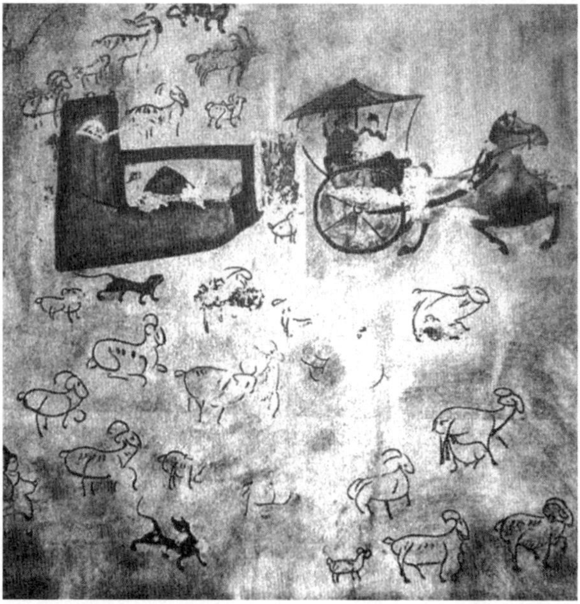

匈奴牧羊圖

誰。」

下達了這種死命令後，冒頓打獵時射出了第一支響箭，有人沒有反應過來，沒有跟著開弓，於是冒頓將沒有隨從自己射箭者一律處死；第二次，冒頓突然用響箭射自己的戰馬，有的騎從猶猶豫豫不敢射，冒頓又將未射箭的射手一律處死；第三次，冒頓忽然用響箭射自己的愛妾，有的射手猶豫不決，冒頓將未能出箭的騎手再次處死；第四次，冒頓在打獵時，突然向單于的寶馬射箭，他手下的騎從毫不猶豫地一齊射向單于的寶馬。

此時，冒頓知道自己的騎兵訓練成功了。

不久，頭曼單于外出打獵，冒頓隨行。突然，冒頓把響箭射向自己的父親頭曼單于，他手下的騎兵隨著一聲響箭萬箭齊發，頭曼單于當即被自己的兒子冒頓射死。於是，冒頓殺死了繼母和繼母所生的同父異母弟弟，殺死了不順從他的大臣，自封為單于（從其父單于頭曼獵，以鳴鏑射頭曼，其左右亦皆隨鳴鏑而射殺單于頭曼，遂盡誅其後母與弟及大臣不聽從者。冒頓自立為單于——《史記・匈奴列傳》）。

這就是歷史上鼎鼎大名的冒頓單于。

冒頓單于即位時，鄰國東胡非常強盛。東胡聽說冒頓殺父自立，便派使者來索取頭曼單于的千里馬。冒頓詢問群臣，大臣異口同聲說：「千里馬是匈奴的寶馬，不能給東胡。」冒頓卻說：為什麼和鄰國相處而吝嗇一匹馬呢？於是，冒頓便將頭曼的千里馬送給了東胡。

東胡王輕易地得到頭曼單于的千里馬，便認為冒頓軟弱可欺，於是又索要冒頓單于的閼氏。閼氏是匈奴單于的妻子，不過匈奴單于的閼氏往往不止一位。冒頓單于的大臣都憤怒地說：「東胡太無禮了，竟敢索要閼氏！一定要教訓他們。」冒頓說：「為什麼和鄰國相處而吝嗇一個女人呢？」於是就把自己最心愛的閼氏送給了東胡。

東胡王得到了冒頓單于心愛的閼氏，更加驕橫。又向冒頓單于索要東胡與匈奴中間一塊無人居住的土地。這塊地相當大，有數千里，當時，匈奴和東胡各在自己一方修築防禦工事。冒頓詢問諸位大臣，大臣中有人說：「這是一塊無人居住之地，給也可以，不給也可以。」冒頓單于勃然大怒說：「土地是國家的根本，怎麼能給他人？」立即將主張給東胡土地的大臣全部處死。

處死完主張放棄土地的大臣，冒頓單于跨上戰馬，下令說：「誰敢落在後面，一律斬首。」於是，他率眾奔襲東胡。東胡王因為前兩次索要千里馬、閼氏都非常順利，因此，看不起冒頓單于，也沒有料到冒頓單于還有這麼一手，滿心以為這一次可以得到幾千里的土地。面對冒頓的突然襲擊，東胡立馬亂作一團。這一仗，東胡王被殺，東胡的百姓、牲畜全部被冒頓俘虜，東胡國被冒頓所滅。

冒頓藉此軍威，大舉向西進兵，趕走了宿敵月氏。又向南吞併了樓煩、白羊兩個匈奴部落，完成了整個匈奴的空前統一。並且，收復了秦始皇時期被秦將蒙恬奪走的匈奴土地，使匈奴與漢朝接壤。

冒頓統一了蒙古北部與貝加爾地區、準噶爾地區，進入塔里木與鄂爾多斯地區，後來的成吉思汗實際上是沿著當年冒頓的道路繼續前進的。

當時，正值劉邦和項羽在滎陽對峙。冒頓單于率領的騎兵已達到三十多萬，成為與中原漢族政權相抗衡的大國。

在冒頓單于的統領下，匈奴得到了空前的大發展。國力空前強盛的匈奴會不會覬覦南方的漢帝國呢？

白登之圍

高祖五年，劉邦封他的開國功臣韓王信為韓王，建都陽翟（今河南禹縣）。後來，

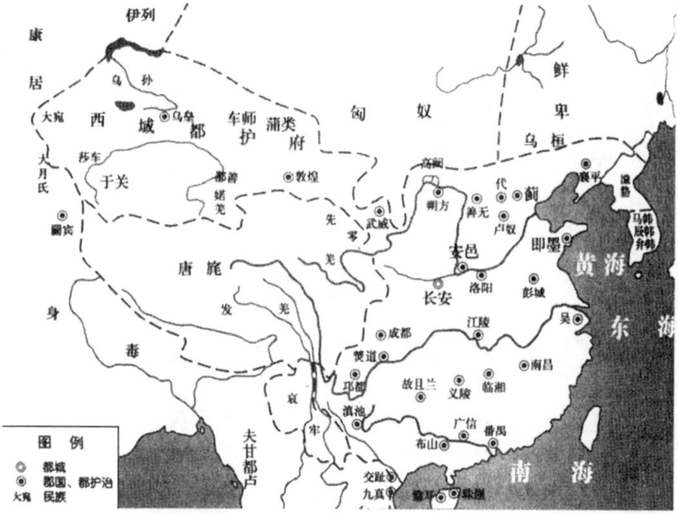
伊列
康居
乌孙
大宛
西域都护府
乌垒
车师
蒲类
匈奴
鲜卑
乌桓
莎车
于关
大月氏
罽宾
都善
婼羌
敦煌
先零羌
武威
朔方
善无
代
蓟
卢奴
襄平
马韩
辰韩
弁韩
即墨
安邑
长安
洛阳
彭城
黄海
东海
唐旄
发羌
身毒
成都
江陵
吴
僰道
邛都
故且兰
文陵
临湘
南昌
滇池
广信
番禺
布山
南海
交趾
九真
哀牢
夫甘都卢
图例
都城
郡国、都护治
大宛 民族

西漢地圖

匈奴雜技圖

劉邦打算將他遷到今山西太原一帶，都晉陽（今山西太原）。韓王信則要求再向北移，定都馬邑（今山西朔縣）。

高祖六年，冒頓開始屢屢攻擊遷都馬邑的韓王信，韓王信無力抵抗匈奴的強大兵力，便向匈奴求和。

劉邦知道這件事後，嚴厲譴責韓王信。韓王信害怕劉邦懲罰他，乾脆投降匈奴。匈奴有了韓王信的幫助，大舉南犯，一直攻下太原，並繼續向南進攻。

高祖七年，劉邦親率大軍三十二萬北征匈奴。當時正值冬天，天寒地凍，雖然不及二戰時期德軍在莫斯科城外受凍的慘狀，但是，漢軍士兵有百分之二、三十的人凍掉了指頭。

冒頓假裝敗走，引誘漢兵。

於是，劉邦親率大軍追擊。冒頓將精兵隱蔽起來，露面的都是老弱士卒和瘦弱的牲畜。

劉邦被冒頓的假象迷惑，緊追不捨。率先到達平城（今山西大同東北），但是，他的大隊步兵在後面尚未到達。冒頓突然縱放四十萬精兵，把高祖劉邦團團包圍在白登（今山西大同東北），整整七天七夜無法突圍（冒頓縱精兵四十萬騎，圍高帝於白登七日），後續到來的漢軍也無法救援被圍的劉邦。冒頓的騎兵十分強壯，白登四面是四種顏色馬匹組成的軍陣。

危急萬分時，陳平向高祖劉邦建議：遊說匈奴單于的閼氏。但是，《史記》、《漢書》等正史沒有具體記載陳平這條奇計的具體內容為何。

據《史記集解》所引桓譚《新論》，陳平的奇計是利用匈奴閼氏的妒忌心，派使者向閼氏送上厚禮（高帝迺使使間厚遺閼氏——《史記．匈奴列傳》），說被圍的劉邦已經派人到國中選送美女獻給單于。一旦絕色美女獻上來，單于一定會非常寵愛她。這樣，您就會被疏遠了。不如趁現在漢朝的美女還未到達，趕快勸單于放劉邦走。劉邦一走，也不會再向單于進獻美女了，您的地位也就能夠長久保持了。匈奴閼氏一聽，非常有道理，立即勸冒頓單于說：「你就算得到了漢朝的土地，咱們能長期駐防嗎？何況漢王也有神靈保佑，希望你能好好想一想。」

冒頓這次出兵，原先和韓王信的部下商定好合擊漢軍，但是，韓王信的部下王黃、趙利的兵不來。冒頓懷疑他們和劉邦之間有陰謀。於是，聽從了閼氏的話，在包圍圈中讓出一條通道，放劉邦一馬。劉邦派士兵個個把弓拉滿，面向外，從匈奴讓開的通道中緩緩撤出，與包圍圈之外的漢軍主力會合。

冒頓單于在劉邦撤走之後，也率兵撤離。

和親匈奴

白登之圍使劉邦吃了一個大虧，也使劉邦第一次領略到匈奴對漢朝的巨大威脅。冒頓單于常常帶兵入侵代地，成為漢朝中央政府的一大隱患。

僅僅靠冒頓單于閼氏的枕邊風，能夠保持漢朝邊地的長期安寧嗎？究竟用什麼辦法才能解決這一威脅漢王朝生存的大難題呢？

萬般無奈的劉邦，只好向他手下劉敬問計。劉敬會提出什麼錦囊妙計呢？

劉敬認為不能和匈奴硬打：

第一、士兵疲勞，不能動武。漢兵剛剛打了三年反秦、四年滅項的戰爭，兵疲馬困，無法再面對兵強馬壯的三十萬匈奴強兵。

第二、民情特殊，不講仁義。

匈奴冒頓殺父自立，而且他們的習俗是父死之後兒子可以把父親年輕的妻子（閼氏）收為自己的妻子。因此，對匈奴也不能用仁義道德加以說服。

既不能動武，又不能用仁義說服，究竟該怎樣對付冒頓呢？

劉敬認為：有一個可以長治久安的辦法，但是，陛下不願意。劉邦急忙說：「只要能阻止匈奴入侵，有什麼不能做到的事呢（上曰：誠可，何為不能——《史記．劉敬叔孫通列傳》）。」

劉敬說：「陛下把嫡長公主下嫁單于，再送上厚禮。匈奴知

昭君出塞（明仇英繪）

道漢朝送去的是皇上的嫡生女兒，還有豐厚的禮物，他們必定會讓嫡長公主當閼氏，生了兒子將來一定是太子，最終可以取代冒頓單于。因為他們貪戀漢朝的重禮，陛下可以年年送一些我們用不完的東西，同時，派出一些能言善辯的人向他們輸送禮儀。冒頓在，他就是皇上的女婿，冒頓死了，你的外孫就是新單于，哪裡有外孫和外祖父打仗這回事呢？這樣，不用動武，漢匈關係就可以得到改善。

但是，和親匈奴的一定要是皇上的嫡長女。如果匈奴知道嫁給單于的不是嫡長女，而是宗室之女，那他就不會真正和我們和解。」

劉邦一聽，非常高興，立即和呂后商量這件事。

呂后聽說要將自己獨生女兒魯元公主嫁給匈奴單于，立即哭哭啼啼，日日哭，夜夜鬧。

最終劉邦也沒有辦法下定決心讓魯元公主和親。而是在宗室中找了一位姑娘，假稱是長公主，嫁給單于，並派劉敬去匈奴締結和親之約（上竟不能遣長公主，而取家人子名為長公主，妻單于，使劉敬往結和親約——《史記．劉敬叔孫通列傳》）。

和親匈奴是因漢初國力較弱，無法與強大的匈奴進行正面戰爭的困境中採取的一項權宜之計，說它是性賄賂有些過度，但是，它確實有辱國格。

我們也要看到，漢初的和親為漢朝贏得了寶貴的休養生息的機會，向匈奴展示了漢文化的魅力，為民族大融合打下了基礎；漢朝的貢奉增加了匈奴對漢朝的經濟依賴；所以，漢匈和親對西漢初年的政權而言有其積極的一面。

呂后決策

面對冒頓單于厚顏無恥的挑釁，呂后勃然大怒。朝中的大臣看見呂后動怒，便紛紛順著呂后的傾向發言。

樊噲最積極，乾脆說自己只要帶十萬精兵就可以橫掃匈奴。樊噲此時是上將軍，在軍中地位極高。當然，這和樊噲之妻是呂后的親妹妹有關。

總之，朝中是一面倒的喊打聲。

面對這一片喊打聲，只有一個人頭腦非常冷靜。他說：「樊噲應當立即斬首（樊噲可斬也）！當年高皇帝（劉邦）率領三十二萬大軍攻打匈奴，被困於平城。現在樊噲憑什麼說可以用十萬軍隊橫掃匈奴。這是當面欺君！當年秦朝曾傾力對付匈奴，從陳勝起兵到今天，戰爭的創傷都沒有恢復。如今，樊噲又當面逢迎主上，這是想動搖天下的根本。況且，匈奴是個什麼東西，聽到他們的好話不值得高興，聽到他們的惡語也不值得憤怒。」

這一番話立即震動了整個朝廷！

這番話和呂后的意見完全相左！

這番話痛斥了上將軍樊噲，而樊噲又是呂后最親信的將領！

說這番話的人是誰？他為什麼這麼大膽？呂后會聽從他的意見嗎？

季布像

敢於力排眾議在呂后面前講出一番道理的人，是中郎將季布。

季布是誰？他有什麼特殊身分呢？

季布原是項羽手下的一員猛將。在楚漢戰爭的戰場上，季布曾經屢屢困辱劉邦。但是，季布在當時名氣極大，特別是季布講信用，當時人說：「得黃金百斤，不如得季布一諾。」意思是說，季布的承諾，比金子還要貴重。「一諾千金」這一成語就出於此。

項羽自殺後，季布逃亡。劉邦一直惦記著這員屢屢困辱他的名將，下令懸賞千金要季布的人頭，而且下令，誰敢藏匿季布，滅他的三族。

季布先隱藏在濮陽一位周姓人家中，這位周先生說：「政府通緝你非常緊，很快就會追查到我家來了。如果將軍能聽我的話，我就獻一計。如果將軍不願聽我的話，我願意自殺表明我並非想出賣你。」

季布答應了。

周先生剃光了季布的頭髮，項束鐵圈，穿上粗布衣，打扮成待售奴隸的模樣，然後將季布放在一輛載重車上，和他自家的奴僕在一起，到當時著名的俠客朱家家中去賣奴隸。

朱大俠心裡非常清楚周先生賣給他的奴隸就是季布，但是，仍然將季布買了下來，安排季布到地裡幹活。但是，朱家對他的兒子說：「這個奴僕幹不幹活，全由他自己決定，千萬不要勉強他。而且，吃飯的時候一定要和他同桌吃，絕不能輕視他。」

朱家把這一切安排好後，便乘一輛輕便的小車到洛陽來見劉邦最親信的太僕夏侯嬰（滕公）。

夏侯嬰一直為劉邦駕車，是劉邦的專用車夫，而且，夏侯嬰還救過劉邦的兒子惠帝劉盈、女兒魯元公主。此時，夏侯嬰官拜太僕。夏侯嬰認識這位朱大俠，便留朱家住下來，熱情款待了好幾天。

朱家看著機會成熟了，便對夏侯嬰說：「季布有什麼大罪？皇上這麼著急地要抓他。」夏侯嬰說：「季布多次為項羽困辱皇上，皇上很恨他，所以才下決心一定要抓到他。」

朱家問滕公：「你看季布是個什麼樣的人？」

滕公說：「是個賢士啊！」

朱家說：「兩主相爭，各為其主。季布為項羽出力，那是他的職責。而且，項羽的部下殺得完嗎？如今皇上剛剛得到天下，因為個人的私怨懸賞通緝一個人，這不顯得皇上心胸太狹窄了嗎？而且，像季布這樣有才能的人，皇上如此緊急通緝，他不向北投奔匈奴，就會向南投靠南越。天下最忌諱的事就是讓壯士去幫助敵國！您為什麼不找個機會勸勸皇上呢？」

夏侯嬰知道朱家是位大俠，並猜到季布一定藏在朱家家中，於是，他答應了這件事。

過了不久，夏侯嬰按照朱家的說法說動了劉邦。劉邦下令赦免季布，並召見季布，任命他為郎中（皇帝的侍從官）。

到了漢惠帝時，季布官拜中郎將（皇帝的護衛官，屬郎中令）。

呂后、樊噲與朝中諸臣紛紛要求出兵攻打匈奴時，季布非常清醒，他不顧自己曾在項羽手下任過大將的「歷史問題」，毫不猶豫地站出來講了自己的觀點。

呂后聽了季布的話，什麼也沒有說，下令退朝，從此不再提出擊匈奴一事（太后罷朝，遂不復議擊匈奴事——《史記．季布列傳》）。呂后心裡不得不佩服季布說的有道理，但是，樊噲又是自己人，不便批評，只好罷朝。

但是，如何答覆匈奴冒頓單于的信呢？

呂后讓人寫了一封言辭謙恭的信，說：大單于沒有忘記我，專門給我寫了信，我惶恐不安。仔細想一想，我已經年老體衰，頭髮、牙齒都脫落了，走起路來搖搖晃晃，故難以從婚。

並贈送了兩輛車馬、一位美女。冒頓單于接到回信後，又派使者來，道歉說：我從未聽到過中國的禮義，陛下這次算是讓我領教了。於是，冒頓單于也獻了馬，做為答覆，兩方於是再次和親。

呂后接納了季布的正確意見，忍辱負重，維護了漢匈之間的和平，表現了她不同凡俗的政治家的眼光和氣度。

這位在漢初宮廷鬥爭中殘暴無比的女主，在處理漢朝和匈奴關係上卻保持了少有的冷靜，使漢匈關係繼續保持友好狀態，這對西漢初年的休養生息十分有利。

但是，外交政策的正確無法掩蓋呂后政治決策中的重大失誤，一場迫在眉睫的政治決戰正在醞釀之中。這究竟是一場什麼樣的政治決戰呢？

蕩平諸呂

呂后生前威風八面，臨朝稱制，惠帝去世後，呂后大封諸呂，特別是讓呂祿、呂產掌握京城的軍權。掌握了京城的軍權，也就掌控了整個朝廷。但是，呂后甫去世兩個月，呂氏就遭滅族，這到底是怎麼回事呢？

劉襄舉兵

高后八年三月，呂后祭祀除災，回宮的途中，經過軹道亭（古亭名，今西安市東北），看見一個好像蒼狗的怪物，撞了呂后的腋下，然後就不見了。回宮一占卜（算卦），說是趙王劉如意作祟，於是，呂后的腋下因此種下病根。

到了七月，呂后的病一天比一天沉重。她自知大限將盡，便任命趙王呂祿為上將軍，統領北軍；呂王呂產掌管南軍。

呂后嚥氣之前一再告誡呂祿、呂產：「高皇帝平定天下之後，和大臣們殺白馬約定：非劉氏而王者，天下共擊之。如今呂氏為王，眾大臣心理不平衡。如果我死了，皇帝年少，眾大臣恐有變故。你們一定要率兵守住皇宮，千萬不要為我送葬，以免被人所制。」

呂后臨終前的交代非常非常嚴肅，她甚至不敢讓自己的侄子因為送喪離開軍營。事情真有呂后估計得那麼嚴重嗎？這場驚天巨變會從哪裡爆發呢？

呂后剛剛去世，在京城的朱虛侯劉章就捎信給他的哥哥齊王劉襄，讓他以誅諸呂為名起兵，他和劉襄的另一個弟弟劉興居在京城做內應。

齊王劉襄得信後，於當年八月，率先準備起兵。此時，距呂后之死僅僅只有一個月。

劉襄此舉相當於秦末的陳勝、吳廣起義，意義非常重大。整個天下在呂后的控制下歷經了十五年，雖然呂后作惡多端，在皇族派、功臣派中結怨甚深，但是，呂后剛死，餘威猶存。諸呂掌權，起兵誅呂，即是引火焚身。一般人誰都不敢首舉義旗。

劉襄此舉揭開了族誅諸呂的序幕，天下反呂聯盟才得以形成。

劉襄為什麼要挑這個頭呢？他想從中得到什麼呢？

劉襄是齊王劉肥的長子。

劉肥是漢初同姓王中封地最大、勢力最強的皇子，而且，劉肥的幾個兒子個個英武不凡，在劉姓皇孫一代中他們都是佼佼者。

惠帝二年十月，齊王劉肥進京城朝見天子。家宴中，惠帝因齊王年長而讓齊王劉肥坐了上位，招致呂后非常不滿，立即端來兩杯毒酒要謀害劉肥。幸虧惠帝端起了兩杯毒酒中的一杯，呂后怕惠帝中毒而出手打翻了惠帝的酒杯，劉肥見勢不妙趕快離席。事後知道是毒酒，心中十分害怕，於是採納部下的建議，割城陽郡做為呂后親生女兒魯元公主的湯沐邑，又認了個小媽（尊魯元公主為太后），此事才得以了結。事情雖了，但是，齊國卻損失了整整一個城陽郡。四年後，鬱鬱寡歡的劉肥便病故了，他的長子劉襄即位為齊王。

高后二年（前一八六），呂后封侄子酈侯呂台為呂王；割齊國濟南郡為呂國的封地：一方面削弱了皇族派劉襄的封地，一方面增加外戚派的領地。

這道命令是呂后下的，封的又是呂后的親侄子呂產。呂產是呂后在朝中最倚重的呂氏集團重量級人物。劉襄不敢抗旨，但是，內心極為不滿。齊國在劉邦最初分封諸子時面積最大，管轄七十多城。這塊最肥的土地早就被呂后看上了，所以，才接二連三的割地封國。

劉肥不得已獻了一個城陽郡，呂后封呂產又割了一個濟南郡，這已經使齊國損失了兩個郡。

高后七年，呂后又封了一個非呂姓的琅琊王，割齊王劉肥的琅琊郡做為封國。這樣，劉襄又損失了一個郡。

齊國從初封的六個郡變成了今天的三個郡，劉襄甘心嗎？

當時，劉氏皇族派的狀況如何？

此時劉邦的兒子輩中只剩下代王劉恒和淮南王劉長，他們倆都有資格繼承帝位。但是，代王劉恒沒有任何動靜，只是在邊遠的代地靜靜地觀察時局；淮南王劉長是呂后養大的，和呂后的感情深厚，肯定不會有任何動靜。

劉邦的孫子輩中多數年齡尚小，才氣也不夠。唯有齊王劉肥的三個兒子最為出色。長子劉襄繼位為齊王，劉襄的兩個弟弟，一個是朱虛侯劉章（惠帝二年封），一個是東牟侯劉興居（惠帝六年封）。當時，都在京城做皇宮的侍衛官。

劉肥的這三個兒子非常英武，極有才幹。

呂后一死，劉章首先給他哥哥劉襄報信，讓劉襄以誅諸呂為名起兵，成功以後擁戴他稱帝，自己和劉興居在京城做內應。

劉襄是劉肥之子，雖然劉肥是庶長子，但他是劉邦的長孫，也有繼承皇位的資格。

因此，劉襄、劉章的想法並非沒有實現的可能——這是劉襄冒著巨大的風險率先起兵的真正原因。

劉襄得到劉章的密報，與他的舅舅駟鈞等人商量，立即準備起兵。

但是，劉襄的起兵竟然遭到一個人的反對，差一點讓劉襄起兵不成。

這個人是誰？他為什麼能夠阻止劉襄起兵

殺諸呂（選自《新刻按鑑編集二十四帝通俗演義全漢志傳》）

呢？

原來，漢朝建國後，在各諸侯國都設立了國相，諸侯國的國相一律由中央政府任命，對中央政府負責，代表中央政府的利益，而且掌握諸侯國的軍政大權。

反對劉襄起兵的正是齊國的國相召平。齊相召平得到劉襄準備起兵的消息後，立即派兵包圍劉襄的王府。這樣，劉襄不但不能起兵，還差一點惹來一場大麻煩。

劉襄正困窘時，齊國的中尉（相當於公安部長）魏勃拜見齊相召平。魏勃欺騙齊相召平說：「齊王起兵，沒有中央政府的調兵虎符（調兵的憑證），您包圍齊王府是對的。我請求您讓我替您帶兵完成這項任務吧！」

魏勃官居中尉，本來就負責齊國治安，處理叛亂自然是他分內之事。

於是，召平信了中尉魏勃的話，讓他帶兵圍住王宮。魏勃取得兵權後，臨陣倒戈，不但沒有包圍王府，反而包圍了召平的相府。召平大呼上當，但是，為時已晚，只好自殺而死。

劉襄起兵後，首先將呂后封王的兩個郡奪回來，統一全齊，並立即昭告天下諸侯：

第一、自己是惠帝派張良所立的齊王（法理依據）。

第二、呂后聽任諸呂，擅自廢立皇帝，殺三趙王，封三呂王。

第三、當今皇帝年幼要靠大臣、諸將來安定天下。

第四、我起兵的目的是要誅殺不應當封王的人（不當為王者）。

劉襄的這封起兵檄文寫得非常巧妙：他沒有直接提出誅殺諸呂，只是提出要除掉不當封王的人。

灌嬰倒戈

劉襄起兵豎起了劉姓皇族派的反呂大旗，呂氏外戚派會做出什麼反應呢？

相國呂產聽說齊王劉襄起兵西進，命令大將軍灌嬰帶兵東擊齊軍。

呂產面臨齊王劉襄起兵，不敢離開京城，只能派他認為可靠的灌嬰統領重兵，並加封灌嬰為大將軍。

這個決定讓功臣派重臣的灌嬰獲得了兵權！

灌嬰原是個賣布的商販，跟隨劉邦起兵反秦，屢立戰功，滎陽會戰初期成為劉邦組建的騎兵軍團的司令；後來一直在韓信麾下攻滅魏、代、趙、燕、齊五國，戰功卓著；

最後率五千騎兵追殺項羽的就是他。韓信、彭越、黥布在世時，灌嬰並不搶眼，但是，當著名大將們一個一個逝去後，占有年齡優勢的灌嬰的地位便凸顯出來。而且，呂后擅權時，灌嬰沒有任何舉動，使得呂氏外戚派比較相信灌嬰。所以，在得知齊王劉襄舉兵的消息後，呂產就任命灌嬰為大將軍，統兵伐齊。

灌嬰立場絕對是站在功臣元老派一邊的。

當時，功臣元老派最大的不滿有兩點：

一是劉邦的白馬盟誓明確提出「非劉氏而王，天下共擊之」，呂后大封諸呂為王侯，明顯違背劉邦生前之約。

二是漢初的功臣元老是追隨劉邦打天下立有戰功才得以為官為侯的，諸呂為王為侯全是憑藉外戚的身分而竊居高位。諸呂有權無功，元老重臣當然不服氣。

呂后大殺功臣導致功臣派和呂后外戚派的尖銳衝突，這些矛盾，呂后在世時還處在隱性狀態。一旦呂后去世，這些矛盾迅速激化。

灌嬰雖然奉命率兵伐齊，但是，灌嬰對呂氏專權心存不滿，他認為：諸呂在關中擁有重兵，危及劉姓江山。如果我打敗了齊兵，豈不是幫了諸呂的大忙嗎？所以，灌嬰帶著重兵走到滎陽，就停了下來。而且，灌嬰還派人和齊王劉襄聯繫，謀議共同反呂。

齊王劉襄得到灌嬰屯兵滎陽與自己聯手的消息後，便屯兵於齊國西部邊界，等待天下諸侯結盟。

灌嬰的滎陽倒戈和聯齊伐呂極為重要：

第一、劉襄的起兵和灌嬰的倒戈，形成了劉姓皇族派和功臣元老派聯手討伐諸呂的局面，對諸呂形成了巨大的外部壓力；

第二、周勃、陳平在皇族派和功臣派聯手的情況下才敢於京城誅殺諸呂。

翦除雙呂

但是，真正要除掉諸呂，必須在朝中除掉掌握南軍、北軍的呂產、呂祿，怎麼才完成這個最為棘手的任務呢？

當時南北軍掌握在呂產、呂祿之手，即使是最高軍事長官太尉周勃想要進入軍營都不可能。

智取呂祿

大將軍呂祿是北軍統帥，但是，呂祿和酈商的兒子酈寄關係非常好。酈商是劉邦的開國功臣，酈商的哥哥就是靠口水說服齊王降漢的酈食其，後來因為韓信發兵攻打齊國，而被齊王處死。

於是，太尉周勃和丞相陳平商議，先派人劫持酈商，然後脅迫酈商的兒子酈寄去遊說呂祿，酈寄對呂祿說：

「高皇帝與呂后共同打下了天下，所以，劉氏立了九個王（吳王劉濞、楚王劉交、齊王劉肥、淮南王劉長、琅琊王劉澤、代王劉恒、常山王劉朝、淮陽王劉武、濟川王劉太），呂氏立了三個王（梁王呂產、趙王呂祿、燕王呂通），都是眾大臣共同商議好的。而且，立王之事均已詔告天下諸侯，諸侯們都認為很合適。

如今太后去世，皇帝年少，閣下佩戴著趙王的符印，不趕快到自己的封國去，卻擔任上將軍，統領重兵，留在京城，使得大臣和諸侯懷疑閣下另有所圖。

閣下何不歸還大將軍印，把兵權交還太尉，取得眾大臣的信任。然後，離開京城，回到自己的封國去。

這樣一來，齊國的軍隊必然會回去，眾大臣心裡也安定了，閣下也可以高枕無憂地管轄你的千里封國了。這才是長治久安的辦法啊！」

呂祿這個人政治上非常幼稚，遠不如他的姑姑呂后精明，聽了酈寄這一番話，覺得非常有道理，就想歸還大將軍印，把軍權交給太尉。他派人把自己的意見報告了掌握南軍的呂產和呂氏宗族的老人。呂氏宗族有的贊成、有的反對，呂祿一時也拿不定主意。

呂祿的主意雖然未定，但是，他相信好朋友酈寄的話，常常和酈寄一塊離開軍營去打獵，順便拜訪小姑姑呂嬃。呂嬃一聽呂祿的想法，勃然大怒，說：「你身為大將軍，卻離開軍隊，呂家將永無存身之處了。」說完，呂嬃把家中所有的珠玉寶器全扔到堂下，氣憤地說：「沒有必要為別人守著這些寶貝了。」

呂嬃的看法和她已經死去的姊姊呂后的看法相當一致，這姊妹倆政治上都非常精明。深知呂氏封王的後患，深諳掌握軍權的重要。比起呂祿之輩，呂嬃要精明得多。

受到姑姑呂嬃的教訓後，呂祿會轉變看法嗎？

九月，呂產派往齊國的使者回京，把灌嬰和齊、楚聯手想誅滅呂氏一事全部報告了呂產，並催促呂產趕快進宮擁兵自衛，同時，挾持皇帝發布號令。

有人無意中聽到這個消息，馬上報告了太尉周勃和丞相陳平。

周勃得知這個消息，立即趕往北軍大營。因為，漢代京城雖有南北二軍，實際上是北軍軍力遠遠強於南軍，周勃想進入北軍大營控制北軍。可是，周勃到北軍大營門口，卻因為沒有符節進不去。

此時，主管皇帝符節（古代用竹、木、金屬製成做為信驗的器物）的紀通用符節假傳皇帝的命令，讓守衛北軍軍營大門的士兵放周勃進入北軍軍營。

這是非常關鍵的一步！周勃進不了北軍軍營，便無法掌握北軍。紀通此舉當屬首功一樁！

同時，周勃又讓與呂祿關係極好的酈寄與典客（主管諸侯及少數民族朝儀事務的官員）劉揭先入營說服呂祿交權：

「皇上讓太尉掌管北軍，想讓閣下回到自己的封國去。您還是早點交出大將軍的印信，趕快回封國。否則，大禍就要來臨了。」

呂祿認為酈寄是自己最好的朋友，不會欺騙自己，於是他就拿出大將軍的印信交給典客劉揭，讓他轉交給太尉周勃。

周勃進入北軍軍營，立即傳令：願為呂氏效力的露出右胳膊，願為劉氏效力的露出左胳膊。

軍令一出，軍中將士個個都露出了左胳膊。

軍心的一邊倒使拿到大將軍印信的周勃完全控制了北軍。但是，此時的南軍還在呂產手中。

周勃雖然智取北軍的兵權，但是，南軍的軍權還在呂產手中，誰能除掉比呂祿更難對付的呂產？

勇除呂產

丞相陳平召朱虛侯劉章輔佐太尉周勃，周勃讓劉章負責監管軍營大門，讓人轉告把守宮門的衛尉，千萬不可讓呂產進入皇宮。

呂產此時並不知道呂祿已放棄北軍，於是他想進入未央宮，但是，衛尉卻嚴守太尉周勃的命令不讓呂產進入宮門。呂產進不了宮門，便在宮門外徘徊。

周勃派把守北軍軍營大門的朱虛侯劉章趕快進宮，保衛皇帝，免得呂產入宮以皇帝的名義發布命令。

周勃此舉，非常英明。自古以來，亂世之中挾天子以令天下者，無不如此。

朱虛侯劉章要求派兵，太尉周勃調了一千名士兵給劉章。

劉章進入未央宮側門，看見了呂產。這時已是下午，劉章立即下令攻擊呂產。呂產猝不及防，趕快撤走。剛好此時一陣大風，飛沙走石，颳得呂產的軍隊亂了陣腳，完全喪失鬥志。劉章於是一路追殺呂產，一直追到郎中令府中的廁所裡，殺死了呂產。

劉章殺了呂產，「後少帝」派使者拿著旄節慰問劉章。劉章想奪使者的旄節，使者不給，劉章乾脆強行把手持旄節的使者放到車上，火速趕往長樂宮（太后寢宮）。由於有手持旄節的使者在車上，劉章順利地進入長樂宮，將長樂宮衛尉呂更始殺死。

劉章獨自一人殺死呂產、呂更始，將未央宮、長樂宮的呂氏黨羽一網打盡，這意謂著什麼呢？

族誅諸呂

劉章誅殺呂產、呂更始，意謂著全面清除諸呂的時機已經成熟，所以，周勃一聽劉章殺了呂產，趕快起身向劉章一拜，「我最擔心的是身為相國又控制南軍的呂產，如今呂產已除，天下大事已定啊！」

於是，周勃立即發布命令，分頭派人逮捕諸呂男女，不論年長年幼，一律處死。

第二天，呂祿被捕殺，呂嬃被亂棍打死。

接著派人誅殺了燕王呂通，廢了魯元公主的兒子魯王張偃的王位。

周勃又派劉章親自將誅殺諸呂之事通告齊王劉襄，讓他撤兵，灌嬰也從滎陽撤軍退回關中。

權傾一時的呂氏外戚派，短短數天中全被誅殺。此時，離呂后去世的七月才僅僅兩個月。

呂氏外戚派為什麼會這麼迅速地被滅族呢？

呂后大殺皇子、大封諸呂導致了皇族派和外戚派的嚴重對立；呂后大殺功臣、大封諸呂導致了功臣派和外戚派的嚴重對立；呂祿、呂產的無能；呂后掌權期間，受損最大的是皇族派。

除此之外，呂后利用權力，誅殺韓信、彭越，大封諸呂，架空太尉周勃，自然也引發了功臣派的強烈不滿。

功臣派有什麼不滿呢？

呂后大封諸呂違背了劉邦非劉氏者不得王的白馬盟誓；諸呂有權有位而無功，功臣派恥於和諸呂平起平坐；諸呂擅權，妨礙了功臣派的晉身之途。

功臣派和皇族派的聯手夾擊，呂祿、呂產的無能，最終導致呂氏外戚派迅速灰飛煙滅。這是權傾一時的呂后始料不及的；那麼，這位在中國歷史上第一位獨攬皇權的女主的歷史地位究竟應該怎麼看待呢？

功過是非

呂后的一生非常複雜，做為中國古代第一個臨朝稱制的女主，稱制八年，執掌朝政長達十五年。她有許多穢政，比如說殺功臣、誅皇子、虐殺戚夫人，但是她還有一些德政。她為漢代經濟的發展、社會的穩定也做了一些好事，那麼，這麼一個非常複雜的多面人物，我們該怎麼評價她？該怎麼認識她？

問相高祖

呂后執政的十五年，雖然宮廷鬥爭非常殘酷，但是，天下卻太平無事，這究竟是為什麼呢？

高祖十二年，劉邦征討黥布時再次受了箭傷。未回到長安已經病勢沉重，呂后派人找來良醫，打算為劉邦治療箭傷。醫生進來後，劉邦詢問了自己的病情，醫生說：「可以治療。」劉邦罵道：「我以一個布衣百姓之身，手提三尺劍奪取天下，這就是天命啊！今天即使讓扁鵲來給我治病，又有什麼用？」於是，他拒絕治療，賞了醫生一筆錢，打發醫生回去了。

其實，劉邦已預感到自己的大限將至。

呂后看到劉邦病成這個樣子，而且拒絕治療，這在劉邦一生中是從未有過的。於是，呂后也預感到劉邦將不久於人世，她急忙向劉邦詢問：「陛下百年之後，如果蕭相國病故，誰可以替代他？」劉邦說：「曹參可以。」呂后又問：「曹參之後呢？」劉邦回答：「王陵可以。但是，王陵這個人稍有點粗直，認死理。陳平可以協助他。陳平智謀有餘，然而難以獨擔大任。周勃沉著厚道，不善花言巧語，可以讓他擔任太尉。」呂后再問下面的繼承人，劉邦說：「這以後的事妳也不用知道了（呂后復問其次，上曰：此後亦非而所知也——《史記．高祖本紀》）。」

劉邦臨死前與呂后的這段對話非常值得玩味。

第一、呂后非常關心劉邦百年之後相國的人選。

呂后關心蕭何之後相國的人選，說明她非常重視相國的人選。這一事實本身說明呂后此時最關心政局的穩定。在封建帝制的體制下，皇帝與相國的人選最為重要，因為他們是皇權與相權的執行者。蕭何被劉邦稱為「三傑」之一，就是因為他是最理想的相國。

關心劉邦心中的相國繼承人選，說明呂后在劉邦去世之際以及惠帝即位之後，首要關注的是國家政局的穩定。

第二、呂后基本上執行了劉邦選定的相國人選。

劉邦去世後，蕭何（惠帝二年卒）、曹參（惠帝二年任，惠帝五年卒）、王陵（惠帝六年任，高后元年免）、陳平相繼為相，直到惠帝去世，呂后大封諸呂時，由於王陵以白馬盟誓為理由拒絕封諸呂為王，呂后才調走王陵，提拔自己的幸臣審食其為左丞相。

到此為止，呂后才部分改變了劉邦定下的丞相人選。呂后此時改變劉邦丞相人選的原因是此時的呂后非彼時的呂后。彼時（劉邦彌留之際）呂后有兒子在，有希望在，有信心在；此時（惠帝去世後）的呂后成為孤家寡人，培植呂氏一黨成為她此時執政的核心。她要利用

漢封三將：韓信、彭越、英布（選自《新刻全相平話前漢書續集》）

自己手中的權力大力扶持呂氏外戚派的勢力。唯此，呂后才迫不及待地改變了劉邦定下的相國人選，改用自己的幸臣。

呂后有私心，而且有時私心極重；但是她沒有篡奪劉姓江山的野心。她關心並任用劉邦選定的相國人選，證明她沒有篡奪劉姓江山的野心。同時，也說明呂后此時關心政局的穩定。

除了重用劉邦遺言認可的丞相外，呂后在政治上還有什麼作為呢？

廢除苛法

陳勝、吳廣振臂一呼，天下雲集響應，其中，一個重要原因是天下百姓對秦朝的苛法恨之入骨。劉邦入關後，立即「約法三章」，揚言把繁瑣複雜的秦朝苛法全部廢掉，只保留三條法律：「殺人者死，傷人及盜抵罪。」

稍有法律常識的人都知道一個國家的法律是非常複雜的，絕對不可能用三條法律條文代替一切法律，這簡直是天方夜譚。但是，劉邦的「約法三章」在當時卻產生了巨大的社會效應，秦地百姓歡欣鼓舞，全國百姓舉手贊成。為什麼？因為秦朝的法律實在太苛刻繁瑣，無論哪位政治強人提出廢除秦朝苛法，全國百姓都會高興。因為秦朝苛法給天下蒼生帶來的痛苦實在太多太深。

但是，劉邦的「約法三章」僅僅是一個口號、一種政治姿態，並不切合實用。一旦劉邦當了皇帝，馬上不再提「約法三章」，漢初執行的法律大多繼承秦法。人們常說「漢承秦制」，這不僅表現在政治制度上，而且也表現在法律上。

一、廢除三族罪

三族罪是族誅的一種，就是誅滅犯法者的三族。

「夷三族」是一種族誅，族誅的目的有兩個：一是斬草除根；二是恐嚇懲戒。從劉邦建漢開始，一直到高祖十二年劉邦去世，皆沿用秦朝的法律。秦法一直沿用到漢初。所以，漢初的法律仍然比較苛刻，比如說三族罪，漢初一直在執行。

把一族或者若干個族整個殺掉，這叫族誅。族誅是當時刑法中最殘酷的一種，它一殺就是多少族人，當然最有名的是滅三族。劉邦在世時，誰被滅三族呢？韓信、彭越都是滅三族。滅三族不光是殺人多，而且滅三族的刑法是非常殘酷的，滅三族可不是一刀殺了就了斷。據《漢書．刑法志》記載，滅三族的過程如下：第一步，黥，先在你的頭上、面部刺字，這叫黥；第二步，劓，把你鼻子割掉；第三步，把你的左右手和腳的趾頭剁掉，這個叫做斬左右趾；第四步，笞殺之，用亂棍打死；第五步，梟其首，人死了以後，把頭砍掉；第六步，已經到這個程度了，還要把死者的屍體製成肉醬，這叫「菹其骨肉」。

我們講過，彭越死的時候，把彭越的屍體製成肉醬分給天下諸侯，那不是臨時想出來的，而是秦朝的法典記載的，夷三族就是這樣一步一步把人殺死。所以夷三族罪不但是殺人多，而且一步一步讓人如此痛苦而死，極其殘酷。而且，愈是上古時代，夷三族愈殘酷，據歷史記載，最早的族誅，商代就有了。秦朝就是夷三族，當然韓信、彭越被夷三族是很讓人同情的。因此，韓信之死，並不是那個不見天、不見地、不見鐵器，那個說法不準確，夷三族是按照規定一步一步地把人殺死的。

那麼，夷三族到底範圍有多大？三族包括什麼？歷史上說法不一。

第一種說法，如《周禮》，指父、子、孫，即父親一代、自己一代、兒子一代。

第二種說法，是《大戴禮記》的盧辯注，這個說法很普遍，叫父族、母族、妻族，這是三族。這個範圍就很大了，和父親有血緣關係的，和母親有血緣關係的，和妻子有血緣關係的，這三族全要滅族。

第三種說法是《史記．秦本紀》張晏（三國時人）的註釋，他說三族指的是父母、妻子、同產。什麼叫「同產」呢？「同產」就是同一個母親生下來的，就是兄弟姊妹。這種說法殺戮面相對較少，有父母，有妻子，當然這個妻子包括妻和子，還有兄弟姊妹。

夷三族是指一人犯罪而誅其三族。《史記．秦始皇本紀》記載秦王子嬰殺趙高時就把趙高的三族全殺了（子嬰遂刺殺高於齋宮，三族高家以徇咸陽）。

呂后元年下詔「除三族罪」。呂后的「除三族罪」，是指不再實行夷三族刑。其中，「三族」指的是父母、妻子、兄弟。

劉邦在世時，用「夷三族」刑的有韓信、彭越兩大案。可見，劉邦在世時，曾經施行過「夷三族」之法。

漢高祖時針對謀反罪頒布了夷三族令。呂后元年下詔「除三族罪」，即不再實行夷三族刑。

呂后能夠廢除三族罪，應當說是她的德政。

但是，後世三族罪並未真正消亡。反倒逐漸發展至五族、七族、九族，最終到明成祖朱棣發展為「十族」。

明太祖朱元璋小時候當過牧童、和尚、要過飯，最後投效元末起義軍郭子興。身經百戰，歷時十六年，終於驅逐元人，建立大明王朝，定都南京。明太祖朱元璋共有二十六個兒子。他鑒於隋、唐君主大權旁落於藩鎮，導致衰亡；又鑒於宋代內重外輕，以致外侮紛至遝來，亦導致亡國。於是，分封諸子。但是，朱元璋的分封是只封王，不分給土地；只有爵位，不能管理百姓；只有俸祿，不管政務，以預防前朝弊端的發生。

洪武元年（一三六八）正月，朱元璋正式登基稱帝。他冊封馬氏為皇后，立朱標為皇太子。但是，由於太子朱標早逝，朱元璋遺詔傳位於太孫朱允炆。

朱元璋封諸子時，除了立

朱元璋像

朱標為太子外，還封第二子為秦王、第三子為晉王、第四子為燕王。這位燕王就是後來的明成祖朱棣。

朱允炆即位後，實行削藩，以削弱諸王的勢力。朱棣於是在建文元年（一三九九）七月發動靖難之役，到建文四年六月攻入南京，奪取皇位，第二年改元永樂（一四〇三—一四二四）。

朱棣進入南京後，第一個要降服的就是方孝孺。

方孝孺是明初第一大儒，而且是輔佐朱元璋的皇長孫建文帝的重臣，桃李滿朝廷。所以，收服了方孝孺，就可以收服所有金陵的官員。

但是，方孝孺一身傲骨，兩次見新皇帝都是披麻戴孝、嚎啕大哭。朱棣懇請他代擬詔書，實際上是逼他表態。但是，方孝孺只寫了「燕賊篡位」四個大字。朱棣問他：「難道你不怕死嗎？」方孝孺回答：「要殺便殺，詔書我絕不寫。」朱棣又問：「難道你不顧及你的九族嗎？」方孝孺回答：「不要說九族，誅滅十族我也不怕。」這一下明成祖朱棣火了，在方孝孺九族之外，加上「門生」湊成十族，統統殺掉。

明成祖滅方孝孺十族，死者達八百三十七人之多。

二、廢除妖言令

與「除三族罪」同時頒布的還有「除妖言令」。什麼叫「妖言」？唐人顏師古作的註釋說：「過誤之語以為妖言。」妖言令也是秦始皇興的，秦始皇興妖言令，妖言的範圍極廣。什麼叫妖言？你說了不合適的話，我一聽不順耳，就是妖言。所以妖言令太厲害了，它等於是透明膠布，把你的嘴全封住了，箝制輿論，誰也不能講話。你一講話，妖言，妖言惑眾，這個就要殺。

諸如「始皇帝死而地分」、「亡秦者胡也」、「楚雖三戶，亡秦必楚」、「東南有天子氣」等傳言，即是秦朝嚴厲打擊的妖言。其實，這些傳言是民間流傳的一種輿論。秦朝對這些「妖言令」採取嚴厲打擊的辦法箝制民口，壓制社會輿論。而且，「妖言令」成為秦朝中央政府隨意打擊輿論的一種藉口，激起了民眾的強烈反抗情緒。

呂后廢除三族罪、妖言令的意義何在呢？

秦朝的苛法與暴政，是秦王朝快速滅亡的重要原因。秦末起義，就以「誅暴秦，伐無道」做為發動民眾起來反秦的一種口號，可見，苛法是秦朝大失人心的主因之一。

呂后廢除「三族罪」、「妖言令」，目的正在於廢除秦朝的苛法。

劉邦入關後，立即與關中父老相約：「法三章耳：殺人者死，傷人及盜抵罪。余悉除秦法。」目的就在於順應民心、爭取民心。但是，劉邦的約法三章只是臨時性的措施，此時劉邦不可能也沒有來得及全面清除秦朝苛法。漢高祖初年至十二年，所用法律基本上仍是秦律。

劉邦稱帝後，忙於四處平叛，仍然來不及解決這些苛法。剛剛平定完黥布之亂，劉邦就去世了。惠帝即位後，做了一些廢除秦朝苛法的工作，如廢「挾書律」。「三族罪」、「妖言令」也是惠帝在位時想廢除而沒有來得及廢除的苛法，隨著惠帝的早夭，這些苛法直到高后元年才正式被明令廢止。

在經濟生活中，呂后對商人相對寬鬆，不像劉邦那樣下令商人不能穿絲織衣服、不能乘車，而且還要用「重租稅」打擊商人。這對於促進商業貿易，改善百姓生活有著積極的作用。

> 天下已平，高祖迺令賈人不得衣絲乘車，重租稅以困辱之。孝惠、高后時，為天下初定，復弛商賈之律。（《史記・平準書》）

呂后在內政上也不僅僅忙於權力之爭，而是順應實行休養生息的政策，這為醫治戰爭創傷提供了良好的社會環境。

司馬遷在《史記．呂太后本紀》的「太史公曰」中對呂后頗多讚揚之詞：「孝惠皇帝、高后之時，黎民得離戰國之苦，君臣俱欲休息乎無為，故惠帝垂拱，高后女主稱制，政不出房戶，天下晏然。刑罰罕用，罪人是希。民務稼穡，衣食滋殖。」

呂后確實推行了一些德政，但是，這些事情留給後人的印象並不深，而她的穢政卻讓歷史永遠記住了她，這究竟是為什麼呢？

歷史記憶

呂后讓後人印象最深的是她殺功臣、誅皇子、封諸呂，而她的惠政、德政卻很少為人記起，只有歷史學家在評價呂后時，才會提到這些塵封的惠政、德政，這的確是一個耐人尋味的問題。

人們對歷史人物的評價，一般可以分為兩個層面：一是歷史評價，二是民間評價。

歷史評價是史學家的評價，因此，比較客觀，注重理性。在歷史評價上，歷史學家往往看到呂后的德政，肯定她在穩定漢初政局、減輕刑罰、發展經濟方面的努力和貢獻。

因此，歷史評價相對來說較為客觀。

但是，民間評價則不一樣，民間評價較關注人性。呂后的民間形象之所以如此惡劣，主要有以下三方面原因：

第一、牝雞司晨。

「牝雞司晨」一詞出自《尚書．牧誓》：「牝雞無晨。牝雞之晨，惟家之索。」雄雞報曉人們都認為非常正常，「牝雞」，是母雞，所以人人視「牝雞司晨」為反常。因此，人們常用「牝雞司晨」這一成語形容女性主政。當然，這是封建社會對女性歧視的一種表現。

呂后做為中國歷史上第一位稱制的女主，備受後人關注。因此，呂后稱制期間所犯的一些錯誤，更被視為牝雞不能司晨的例證。因此，同樣的作派，在男性君主身上可能還不大引人注意，而發生在女主呂后身上，則被後人大肆詬病抨擊。

舉一個例子，劉邦有八個兒子，劉邦至少有八個妻子，其實遠不止如此，但是呂后呢？據說有一個寵幸的臣子，叫審食其，我曾經講過這個問題，但是劉邦有那麼多妻妾，大家覺得正常，呂后要有一個，就覺得這不得了，那個審食其就有些人說他是中國十大男寵之首，這是不公平的。所以女主主政，特別容易受到人們的詬病、批評，所以女性領導人，她的一舉一動，特別受人關注。

第二、人性缺失。

民間抨擊呂后的過失主要有三點：一是殺功臣，二是誅戚姬，三是封諸呂。呂后恰恰在這三個方面都表現出人性的嚴重缺失。

先談殺功臣。

在民間評價中，最受中國民眾關注的是道德評價。

韓信、彭越是劉邦建漢的最大功臣，因此，韓信、彭越被呂后殘殺最為民間評價所不齒。因為，知恩圖報是中國民間道德評價中極為重要的一項內容。

於私，韓信是呂后的恩公。韓信攻占齊國，切斷項羽糧道，是項羽被迫同意鴻溝議和的主要原因。沒有韓信，呂后不可能獲救。但是，呂后卻最終殺掉了自己的恩公。於公，韓信是漢朝的恩公。沒有韓信的合圍垓下，劉邦不可能滅項，當然也不可能建漢。

一個忘恩負義、殺掉自己恩公的人，人們怎麼可能給她好評？

民間一直流傳著呂后殺韓信「三不見」的故事：說高祖劉邦曾經和韓信有過約定：見天不殺，見地不殺，見鐵器不殺。

那麼呂后怎麼殺韓信呢？她把韓信裝進一個布袋裡，把他兜起來，懸起來，上不見天，下不見地，然後用竹籤子，一點一點把他刺死，這個說法沒有任何歷史記載，純屬民間文學。但是民間文學的創作，也是有來頭的，這個民間文學的來源，是對呂后殘忍的基本認識，在呂后殘忍這個基本認識的基礎上，杜撰出來的，如果呂后是一個賢慧的人，杜撰這個故事沒有人相信，而這一個「三不見」，現在流傳很廣，很多人知道這個故事，甚至以為這就是正史的記載，其實這是子虛烏有，絕無其事。這正說明呂后的民間形象非常惡劣。你知恩不但不圖報，而且以怨報德，這麼一個以怨報德的人，怎麼能夠得到民間百姓的善評呢？不可能，這是殺功臣。

再談誅戚姬。

呂后殺戚夫人，製造「人彘」事件是她人生的一大敗筆！

戚夫人確有取死之道，我們前面講過，戚夫人最大的失誤，就是她不應當仰仗著劉邦的寵愛，挑戰呂后和太子的位置。這是她的失誤。但是這個失誤罪不至誅，不至於死啊！而且她是怎麼死的，是「人彘」，「人彘」事件發生以後，史書記載，呂后讓她的兒子去看這個「人彘」，漢惠帝是呂后的親生兒子，她兒子竟說了一句話：「此非人所為。」這不是人做的事。連她親生的兒子都這樣看，想想老百姓如果知道這件事情，會怎麼看待呂后？

在所有事件中，「人彘」事件是呂后人生中最大的敗筆。妳可以殺、可以囚，這都可以，但妳非要製成「人彘」，還要讓自己的兒子來看，向他炫耀，一下子把兒子嚇傻了。這件事情，在呂后的人生中，是最殘忍、也最不為後人所認可的事件。

所以「人彘」事件，是呂后一生中最可惡的事情。

民間有個很強的心理傾向，就是同情弱者。戚夫人固然有取死之道，戚夫人在挑戰失敗後，她已經是弱者了，她做為一個弱者，妳這樣殘酷地虐待她，最後把她弄死，把趙王劉如意殺死，能得到民間的善評嗎？不可能。所以民間絕不可能給呂后善評，這就是呂后形象惡劣的又一個原因。就在於她的人性缺失的這一個方面。

再進一步說，這已經不是人性缺失了，而是喪盡天良、毫無人性。如果她這樣做不是對戚夫人一個人，是對很多人，那麼我們今天就有一個新的罪名，叫反人類罪，那就更重了，因為這個作法是極不人道的作法，所以她不可能得到善評。

「此非人所為」，當然是人性的嚴重缺失。奸人妒婦，難辭其咎！

第三談封諸呂。

呂后做的第三件錯誤的事情，就是封諸呂。大封諸呂也得不到民間善評。因為在民間評價中，除了我剛才說的知恩圖報、同情弱者以外，民間評價還有一個重要的原則，就是民間評價非常重視正統觀念。漢朝的江山姓什麼？姓劉。天下人公認姓劉，姓呂的去拿，姓劉的人就不答應，天下的百姓不認可，後世的人也不認可，這叫什麼，這叫竊國。

老百姓之所以不認可，是因為封建正統觀念在中國民間流傳極廣。你沒有功勞，如果你姓劉，封王，大家無可厚非；你不姓劉，你非要占那個王，民間不認可，公然違背劉邦的「白馬盟誓」非劉不王的盟約。

在這一點上，呂后違反了民間評價的一個重要原則，就是正統思想。她這個作法和正統思想背道而馳，所以她也得不到民間評價的認可。

雖然呂后此舉並不是要篡奪劉姓江山，但是，畢竟呂姓封王的來路不正。不僅當時大臣不服，而且，民間也不認可。因為，在反秦、滅項兩大鬥爭中，呂后都沒有做出重大貢獻，憑什麼封三位呂姓為諸侯王？

更何況呂后封的三位呂姓王是在劉姓王的血泊中建立起來的。

將劉姓梁王遷走，立呂姓梁王；將三位劉姓趙王迫害致死，然後再立一位呂姓趙王；劉姓燕王死了，殺了他的兒子，將劉姓燕國除國；然後，封呂姓為燕王。這種作法，讓人們感到呂后是在劉姓諸侯王的血泊中封呂姓為王的，這種行徑怎麼能得到民間的善評？

再談談呂后失誤之處。

一、順勢與逆勢

呂后臨終前曾一再交代呂祿、呂產：眾大臣對自己違背劉邦白馬盟誓的作法非常不滿，因此，你們千萬不要為我送喪，以免離開軍營而為人所制。

此言說明呂后臨終前對呂氏宗族的命運非常擔心。

應當說，這一擔心並不為過。歷史恰恰證明了呂后的擔心是正確的。因為，呂后臨終之際已經發現呂氏宗族陷入了功臣派與皇族派的圍剿之中。

呂后是一位有政治頭腦的人，按理說不會將自己置於十分危險的政治危機之中。為什麼一個如此精明的政治家卻會犯下如此低級的錯誤呢？

關鍵在於逆勢與順勢。

其一，劉邦生前，呂后殺韓信、誅彭越，並未給自己和呂氏宗族帶來危險，因為，此時呂后打的是順勢牌。劉邦與韓信、彭越的關係在劉邦滅項後已經走進了歷史的分歧點，即由「共天下」的夥伴成為「家天下」的政敵。所以，即使呂后不出面殺韓信、誅彭越，劉邦也要誅殺韓信、彭越。因此，呂后殺韓信、誅彭越，都得到了劉邦的默許和支持。

所以，呂后雖然代表的是呂氏外戚派的利益，但是，此時外戚派的利益和皇族派的利益是一致的。

其二，蕭何、張良、陳平都或明或暗地參與了劉邦誅殺功臣的行動。所謂「成也蕭何，敗也蕭何」，指的就是蕭何直接參與誅殺韓信。陳平的偽遊雲夢，更是生擒韓信的一則妙計。張良表面上看，似乎沒有直接捲入誅殺韓信、彭越的行動，但是，這麼一個足智多謀的謀士，為什麼沒有向劉邦進言？張良身為帝王之師，深得劉邦信任，他是有可能將劉邦和開國功臣的關係調整得更好一點的，但是，張良此時竟一言不發。當年楚漢相爭，張良一會兒是吐「八難」阻止劉邦分封，一會兒是踩劉邦的腳讓他不要當著韓信使者的面發火，多出奇計。可是，項羽一死，劉邦稱帝，張良再也不輕易開金口了。這些「功臣」都或多或少地參與了誅殺韓信、彭越的活動。

由於有了劉邦和劉邦集團重要成員蕭何、張良、陳平的參與，呂后儘管在誅戮功臣時表現得非常殘酷，但是，她的這些作為並未給她及呂氏宗族帶來災難。

惠帝的去世是呂后失去理智的分歧點。

惠帝在世，呂后由於有希望而無危機，因此，她並未採取非常過激的措施。呂后的敗筆是她大封諸呂。劉邦與大臣們的「白馬盟誓」，在漢初大臣中影響非常之大。王陵公開頂撞呂后封諸呂，打的就是「白馬盟誓」的旗幟；可見，「非劉不王」已成為劉邦去世後功臣派信守的一個重要原則。漢文帝之世，漢景帝秉承其母竇太后的懿旨要封王皇后的哥哥王信為侯，當時的丞相周亞夫又是堅決抵制，「高皇帝約：非劉氏不得王，非有功不得侯。不如約，天下共擊之。今信雖皇后兄，無功侯之，非約也。」景帝默然而止。」到了漢景帝時，而且是竇太后出面提議，封的又是當今皇后的兄長，但是，丞相周亞夫仍然予以阻止。「白馬盟誓」在漢初的影響由此可見一斑。

呂后硬要往「非劉不王」這根高壓線上撞，只有自取滅亡。

此時呂后的一大失誤是逆勢而為。

明明知道眾大臣堅決反對封諸呂為王，自己偏偏要逆勢而行。儘管呂后在世時，可以憑藉著巨大的權勢保持局面不至於失控，但是，自己過世後呢？

聰明的呂后此時已經利慾薰心了！她像所有的獨裁者一樣，過於相信自己對局面的控制能力，結果必然是誤人誤己。

順勢而為的呂后，勢如破竹；逆勢而為的呂后，驚弓之鳥。

人生順勢與逆勢，可不慎哉！

二、識人之明

呂后另一大失誤在於缺乏識人之明。

按照常理，呂后當不乏識人之明。但是，大量史實證明：呂后雖有政治家的眼光，卻缺乏政治家的慧眼。

呂祿是呂后自封的大將軍，主掌北軍。漢代京城南北二軍，北軍勢力勝過南軍。但是，最先放棄權力卻是呂后最為倚重的這位侄子呂祿。

呂祿之失甚多：

第一、誤聽酈寄。企圖以交出軍權換取自己的平安。

第二、不聽忠告。呂祿的幼稚最早被他的姑姑呂嬃發現，呂嬃當即判斷呂氏將要滅亡了，甚至不惜將全家的珠寶擲地以喚醒呂祿。但是，這一過激行為並沒有喚醒呂祿。呂祿最終還是企圖息事寧人！但是，政治權力之爭豈是息事寧人之事？

第三、缺乏溝通。呂祿為上將軍掌管北軍，呂產為相國掌管南軍。呂祿即使想棄軍以求自保，也一定要與呂產通個消息，兩人協調一致。讓人非常不解的是呂祿採取如此大的動作竟然全未通報呂產。呂產是在對呂祿放棄北軍指揮權一無知覺的情況下被殺的。

呂祿、呂產，本是呂后倚重的兩位侄子。如此無能之輩，竟然也會被呂后選來掌管軍權保護呂氏宗族？呂氏焉得不滅族哉？

呂后做為呂祿、呂產的姑姑，應當對雙呂的能力有所了解，不知緣何用此二人？呂后識人之暗表現得淋漓盡致。

從上述幾個方面來看，呂后一生很大的一個失誤，就是人性缺失。這個人性缺失，導致她的民間形象極其醜陋。她的作為讓人們感到她過於凶殘、暴虐，何況她又是一位女主，民間的惡評由此而生。

呂后確有德政，而且，她的德政確保了漢初的政局穩定，促進了社會經濟的發展，其拯救的人數大大超過她殺戮的功臣、皇子；但是，這些德政不是針對某一個具體的人，也沒有具體生動的故事。因此，這些德政，很難讓民間百姓記住。

結果，呂后的民間評價出現了一些獨特的現象：一些突出表現她人性缺失的事件往往被人們放大了，牢牢記住了，而一些表現她德政的具體措施卻沒有被人記住。因此，呂后的民間形象就變得非常醜陋。歷史的記憶往往如此奇特，發人深省。

呂后做為中國兩千多年封建歷史上的第一位女主，她為鞏固西漢政權，穩定漢政局，發展漢初經濟，廢除秦朝苛法，做出了一定的貢獻，值得肯定。但是，她的凶殘、暴虐，使她的民間形象變得非常醜陋，也同樣值得人們深思。

［附錄］
《史記》卷九〈呂太后本紀〉

呂太后者，高祖微時妃也，生孝惠帝、女魯元太后。及高祖為漢王，得定陶戚姬，愛幸，生趙隱王如意。孝惠為人仁弱，高祖以為不類我，常欲廢太子，立戚姬子如意，如意類我。戚姬幸，常從上之關東，日夜啼泣，欲立其子代太子。呂后年長，常留守，希見上，益疏。如意立為趙王後，幾代太子者數矣，賴大臣爭之，及留侯策，太子得毋廢。

呂后為人剛毅，佐高祖定天下，所誅大臣多呂后力。呂后兄二人，皆為將。長兄周呂侯死事，封其子呂台為酈侯，子產為交侯；次兄呂釋之為建成侯。

高祖十二年四月甲辰，崩長樂宮，太子襲號為帝。是時高祖八子：長男肥，孝惠兄也，異母，肥為齊王；餘皆孝惠弟，戚姬子如意為趙王，薄夫人子恒為代王，諸姬子子恢為梁王，子友為淮陽王，子長為淮南王，子建為燕王。高祖弟交為楚王，兄子濞為吳王。非劉氏功臣番君吳芮子臣為長沙王。

呂后最怨戚夫人及其子趙王，迺令永巷囚戚夫人，而召趙王。使者三反，趙相建平侯周昌謂使者曰：「高帝屬臣趙王，趙王年少。竊聞太后怨戚夫人，欲召趙王并誅之，臣不敢遣王。王且亦病，不能奉詔。」呂后大怒，迺使人召趙相。趙相徵至長安，迺使人復召趙王。王來，未到。孝惠帝慈仁，知太后怒，自迎趙王霸上，與入宮，自挾與趙王起居飲食。太后欲殺之，不得閒。孝惠元年十二月，帝晨出射。趙王少，不能蚤起。太后聞其獨居，使人持酖飲之。黎明，孝惠還，趙王已死。於是迺徙淮陽王友為趙王。夏，詔賜酈侯父追謚為令武侯。太后遂斷戚夫人手足，去眼，煇耳，飲瘖藥，使居廁中，命曰「人彘」。居數日，迺召孝惠帝觀人彘。孝惠見，問，迺知其戚夫人，迺大哭，因病，歲餘不能起。使人請太后曰：「此非人所為。臣為太后子，終不能治天下。」孝惠以此日飲為淫樂，不聽政，故有病也。

二年，楚元王、齊悼惠王皆來朝。十月，孝惠與齊王燕飲太后前，孝惠以為齊王兄，置上坐，如家人之禮。太后怒，迺令酌兩卮酖，置前，令齊王起為壽。齊王起，孝惠亦起，取卮欲俱為壽。太后迺恐，自起泛孝惠卮。齊王怪之，因不敢飲，詳醉去。問，知其酖，齊王恐，自以為不得脫長安，憂。齊內史士說王曰：「太后獨有孝惠與魯元公主。今王有七十餘城，而公主迺食數城。王誠以一郡上太后，為公主湯沐邑，太后必喜，王必無憂。」於是齊王迺上城陽之郡，尊公主為王太后。呂后喜，許之。迺置酒齊邸，樂飲，罷，歸齊王。三年，方築長安城，四年就半，五年六年城就。諸侯來會。十月朝賀。

七年秋八月戊寅，孝惠帝崩。發喪，太后哭，泣不下。留侯子張辟彊為侍中，年十五，謂丞相曰：「太后獨有孝惠，今崩，哭不悲，君知其解乎？」丞相曰：「何解？」辟彊曰：「帝毋壯子，太后畏君等。君今請拜呂台、呂產、呂祿為將，將兵居南北軍，及諸呂皆入宮，居中用事，如此則太后心安，君等幸得脫禍矣。」丞相迺如辟彊計。太后說，其哭迺哀。呂氏權由此起。迺大赦天下。九月辛丑，葬。太子即位為帝，謁高廟。元年，號令一出太后。

太后稱制，議欲立諸呂為王，問右丞相王陵。王陵曰：「高帝刑白馬盟曰『非劉氏而王，天下共擊之』。今王呂氏，非約也。」太后不說。問左丞相陳平、絳侯周勃。勃等對曰：「高帝定天下，王子弟，今太后稱制，王昆弟諸呂，無所不可。」太后喜，罷朝。王陵讓陳平、絳侯曰：「始與高帝啑血盟，諸君不在邪？今高帝崩，太后女主，欲王呂氏，諸君縱欲阿意背約，何面目見高帝地下？」陳平、絳侯曰：「於今面折廷爭，臣不如君；夫全社稷，定劉氏之後，君亦不如臣。」王陵無以應之。十一月，太后欲廢王陵，迺拜為帝太傅，奪之相權。王陵遂病免歸。迺以左丞相平為右丞相，以辟陽侯審食其為左丞相。左丞相不治事，令監宮中，如郎中令。食其故得幸太后，常用事，公卿皆因而決事。迺追尊酈侯父為悼武王，欲以王諸呂為漸。

四月，太后欲侯諸呂，迺先封高祖之功臣郎中令無擇為博城侯。魯元公主薨，賜謚為魯元太后。子偃為魯王。魯王父，宣平侯張敖也。封齊悼惠王子章為朱虛侯，以呂祿女妻之。齊丞相壽為平定侯。少府延為梧侯。迺封呂種為沛侯，呂平為扶柳侯，張買為南宮侯。

太后欲王呂氏，先立孝惠後宮子彊為淮陽王，子不疑為常山王，子山為襄成侯，子朝為軹侯，子武為壺關侯。太后風大臣，大臣請立酈侯呂台為呂王，太后許之。建成康侯釋之卒，嗣子有罪，廢，立其弟呂祿為胡陵侯，續康侯後。二年，常山王薨，以其弟襄成侯山為常山王，更名義。十一月，呂王台薨，謚為肅王，太子嘉代立為王。三年，無事。四年，封呂嬃為臨光侯，呂他為俞侯，呂更始為贅其侯，呂忿為呂成侯，及諸侯丞相五人。

宣平侯女為孝惠皇后時，無子，詳為有身，取美人子名之，殺其母，立所名子為太子。孝惠崩，太子立為帝。帝壯，或聞其母死，非真皇后子，迺出言曰：「后安能殺吾母而名我？我未壯，壯即為變。」太后聞而患之，恐其為亂，迺幽之永巷中，言帝病甚，左右莫得見。太后曰：「凡有天下治為萬民命者，蓋之如天，容之如地，上有歡心以安百姓，百姓欣然以事其上，歡欣交通而天下治。今皇帝病久不已，迺失惑惛亂，不能繼嗣奉宗廟祭祀，不可屬天下，其代之。」君臣皆頓首言：「皇太后為天下齊民計所以安宗廟社稷甚深，君臣頓首奉詔。」帝廢位，太后幽殺之。五月丙辰，立常山王義為帝，更名曰弘。不稱元年者，以太后稱天下事也。以軹侯朝為常山王。置太尉官，絳侯勃為太尉。五年八月，淮陽王薨，以弟壺關侯武為淮陽王。六年十月，太后曰呂王嘉居處驕恣，廢之，以肅王台弟呂產為呂王。夏，赦天下。封齊悼惠王子興居為東牟侯。

七年正月，太后召趙王友。友以諸呂女為后，弗愛，愛他姬，諸呂女妒，怒去，讒之於太后，誣以罪過，曰「呂氏安得王！太后百歲後，吾必擊之」。太后怒，以故召趙王。趙王至，置邸不見，令衛圍守之，弗與食。其群臣或竊饋，輒捕論之。趙王餓，迺歌曰：「諸呂用事兮劉氏危，迫脅王侯兮彊授我妃。我妃既妒兮誣我以惡，讒女亂國兮上曾不寤。我無忠臣兮何故棄國？自決中野兮蒼天舉直！于嗟不可悔兮寧蚤自財。為王而餓死兮誰者憐之！呂氏絕理兮託天報仇。」丁丑，趙王幽死，以民禮葬之長安民塚次。

己丑，日食，晝晦。太后惡之，心不樂，迺謂左右曰：「此為我也。」

二月，徙梁王恢為趙王。呂王產徙為梁王，梁王不之國，為帝太傅。立皇子平昌侯太為呂王。更名梁曰呂，呂曰濟川。太后女弟呂嬃有女為營陵侯劉澤妻，澤為大將軍。太后王諸呂，恐即崩後劉將軍為害，迺以劉澤為琅邪王，以慰其心。

梁王恢之徙王趙，心懷不樂。太后以呂產女為趙王后。王后從官皆諸呂，擅權，微伺趙王，趙王不得自恣。王有所愛姬，王后使人酖殺之。王迺為歌詩四章，令樂人歌之。王悲，六月即自殺。太后聞之，以為王用婦人棄宗廟禮，廢其嗣。

宣平侯張敖卒，以子偃為魯王，敖賜謚為魯元王。

秋，太后使使告代王，欲徙王趙。代王謝，願守代邊。

太傅產、丞相平等言，武信侯呂祿上侯，位次第一，請立為趙王。太后許之，追尊祿父康侯為趙昭王。九月，燕靈王建薨，有美人子，太后使人殺之，無後，國除。八年十月，立呂肅王子東平侯呂通為燕王，封通弟呂莊為東平侯。

三月中，呂后祓，還過軹道，見物如蒼犬，據高后掖，忽弗復見。卜之，云趙王如意為祟。高后遂病掖傷。

高后為外孫魯元王偃年少，蚤失父母，孤弱，迺封張敖前姬兩子，侈為新都侯，壽為樂昌侯，以輔魯元王偃。及封中大謁者張釋為建陵侯，呂榮為祝茲侯。諸中宦者令丞皆為關內侯，食邑五百戶。

七月中，高后病甚，迺令趙王呂祿為上將軍，軍北軍；呂王產居南軍。呂太后誡產、祿曰：「高帝已定天下，與大臣約，曰『非劉氏王者，天下共擊之』。今呂氏王，大臣弗平。我即崩，帝年少，大臣恐為變。必據兵衛宮，慎毋送喪，毋為人所制。」辛巳，高后崩，遺詔賜諸侯王各千金，將相列侯郎吏皆以秩賜金。大赦天下。以呂王產為相國，以呂祿女為帝后。

高后已葬，以左丞相審食其為帝太傅。

朱虛侯劉章有氣力，東牟侯興居其弟也，皆齊哀王弟，居長安。當是時，諸呂用事擅權，欲為亂，畏高帝故大臣絳、灌等，未敢發。朱虛侯婦，呂祿女，陰知其謀。恐見誅，迺陰令人告其兄齊王，欲令發兵西，誅諸呂而立。朱虛侯欲從中與大臣為應。齊王欲發兵，其相弗聽。八月丙午，齊王欲使人誅相，相召平迺反，舉兵欲圍王，王因殺其相，遂發兵東，詐奪琅邪王兵，并將之而西。語在〈齊王〉語中。

齊王迺遺諸侯王書曰：「高帝平定天下，王諸子弟，悼惠王王齊。悼惠王薨，孝惠帝使留侯良立臣為齊王。孝惠崩，高后用事，春秋高，聽諸呂，擅廢帝更立，又比殺三趙王，滅梁、趙、燕以王諸呂，分齊為四。忠臣進諫，上惑亂弗聽。今高后崩，而帝春秋富，未能治天下，固恃大臣諸侯。而諸呂又擅自尊官，聚兵嚴威，劫列侯忠臣，矯制以令天下，宗廟所以危。寡人率兵入誅不當為王者。」漢聞之，相國呂產等迺遣潁陰侯灌嬰將兵擊之。灌嬰至滎陽，迺謀曰：「諸呂權兵關中，欲危劉氏而自立。今我破齊還報，此益呂氏之資也。」迺留屯滎陽，使使諭齊王及諸侯，與連和，以待呂氏變，共誅之。齊王聞之，迺還兵西界待約。

呂祿、呂產欲發亂關中，內憚絳侯、朱虛等，外畏齊、楚兵，又恐灌嬰畔之，欲待灌嬰兵與齊合而發，猶豫未決。當是時，濟川王太、淮陽王武、常山王朝名為少帝弟，及魯元王呂后外孫，皆年少未之國，居長安。趙王祿、梁王產各將兵居南北軍，皆呂氏之人。列侯群臣莫自堅其命。

太尉絳侯勃不得入軍中主兵。曲周侯酈商老病，其子寄與呂祿善。絳侯迺與丞相陳平謀，使人劫酈商，令其子寄往紿說呂祿曰：「高帝與呂后共定天下，劉氏所立九王，呂氏立三王，皆大臣之議，事已布告諸侯，諸侯皆以為宜。今太后崩，帝少，而足下佩趙王印，不急之國守藩，迺為上將，將兵留此，為大臣諸侯所疑。足下何不歸將印，以兵屬太尉？請梁王歸相國印，與大臣盟而之國，齊兵必罷，大臣得安，足下高枕而王千里，此萬世之利也。」呂祿信然其計，欲歸將印，以兵屬太尉。使人報呂產及諸呂老人，或以為便，或曰不便，計猶豫未有所決。呂祿信酈寄，時與出游獵。過其姑呂嬃，嬃大怒，曰：「若為將而棄軍，呂氏今無處矣。」迺悉出珠玉寶器散堂下，曰：「毋為他人守也。」

左丞相食其免。

八月庚申旦，平陽侯窋行御史大夫事，見相國產計事。郎中令賈壽使從齊來，因數產曰：「王不蚤之國，今雖欲行，尚可得邪？」具以灌嬰與齊楚合從，欲誅諸呂告產，迺趣產急入宮。平陽侯頗聞其語，迺馳告丞相、太尉。太尉欲入北軍，不得入。襄平侯通尚符節，迺令持節矯內太尉北軍。太尉復令酈寄與典客劉揭先說呂祿曰：「帝使太尉守北軍，欲足下之國，急歸將印辭去，不然，禍且起。」呂祿以為酈兄不欺己，遂解印屬典客，而以兵授太尉。太尉將之入軍門，行令軍中曰：「為呂氏右襢，為劉氏左襢。」軍中皆左襢為劉氏。太尉行至，將軍呂祿亦已解上將印去，太尉遂將北軍。

然尚有南軍。平陽侯聞之，以呂產謀告丞相平，丞相平迺召朱虛侯佐太尉。太尉令朱虛侯監軍門。令平陽侯告衛尉：「毋入相國產殿門。」呂產不知呂祿已去北軍，迺入未央宮，欲為亂，殿門弗得入，徘徊往來。平陽侯恐弗勝，馳語太尉。太尉尚恐不勝諸呂，未敢訟言誅之，迺遣朱虛侯謂曰：「急入宮衛帝。」朱虛侯請卒，太尉予卒千餘人。入未央宮門，遂見產廷中。日餔時，遂擊產。產走。天風大起，以故其從官亂，莫敢鬬。逐產，殺之郎中府吏廁中。

朱虛侯已殺產，帝命謁者持節勞朱虛侯。朱虛侯欲奪節信，謁者不肯，朱虛侯則從與載，因節信馳走，斬長樂衛尉呂更始。還，馳入北軍，報太尉。太尉起，拜賀朱虛侯曰：「所患獨呂產，今已誅，天下定矣。」遂遣人分部悉捕諸呂男女，無少長皆斬之。辛酉，捕斬呂祿，而笞殺呂嬃。使人誅燕王呂通，而廢魯王偃。壬戌，以帝太傅食其復為左丞相。戊辰，徙濟川王王梁，立趙幽王子遂為趙王。遣朱虛侯章以誅諸呂氏事告齊王，令罷兵。灌嬰兵亦罷滎陽而歸。

諸大臣相與陰謀曰：「少帝及梁、淮陽、常山王，皆非真孝惠子也。呂后以計詐名他人子，殺其母，養後宮，令孝惠子之，立以為後，及諸王，以彊呂氏。今皆已夷滅諸呂，而置所立，即長用事，吾屬無類矣。不如視諸王最賢者立之。」或言「齊悼惠王高帝長子，今其適子為齊王，推本言之，高帝適長孫，可立也」。大臣皆曰：「呂氏以外家惡而幾危宗廟，亂功臣。今齊王母家駟（鈞），駟鈞，惡人也，即立齊王，則復為呂氏。」欲立淮南王，以為少，母家又惡。迺曰：「代王方今高帝見子，最長，仁孝寬厚。太后家薄氏謹良。且立長故順，以仁孝聞於天下，便。」迺相與共陰使人召代王。代王使人辭謝。再反，然後乘六乘傳。後九月晦日己酉，至長安，舍代邸。大臣皆往謁，奉天子璽上代王，共尊立為天子。代王數讓，君臣固請，然後聽。

東牟侯興居曰：「誅呂氏吾無功，請得除宮。」迺與太僕汝陰侯滕公入宮，前謂少帝曰：「足下非劉氏，不當立。」迺顧麾左右執戟者掊兵罷去。有數人不肯去兵，宦者令張澤諭告，亦去兵。滕公迺召乘輿車載少帝出。少帝曰：「欲將我安之乎？」滕公曰：「出就舍。」舍少府。迺奉天子法駕，迎代王於邸。報曰：「宮謹除。」代王即夕入未央宮。有謁者十人持戟衛端門，曰：「天子在也，足下何為者而入？」代王迺謂太尉。太尉往諭，謁者十人皆掊兵而去。代王遂入而聽政。夜，有司分部誅滅梁、淮陽、常山王及少帝於邸。

代王立為天子。二十三年崩，謚為孝文皇帝。

太史公曰：孝惠皇帝、高后之時，黎民得離戰國之苦，君臣俱欲休息乎無為，故惠帝垂拱，高后女主稱制，政不出房戶，天下晏然。刑罰罕用，罪人是希。民務稼穡，衣食滋殖。

重說・史 14

女性掌權第一人　呂后

作　　者　王立群
責任編輯　關惜玉・林俶萍
封面設計　蔡南昇

編輯總監　劉麗真
總 經 理　陳逸瑛
發 行 人　凃玉雲
出　　版　麥田出版
城邦文化事業股份有限公司
104台北市中山區民生東路二段141號5樓
電話：02-25007696　傳真：02-25001966
發　　行　英屬蓋曼群島商家庭傳媒股份有限公司城邦分公司
104台北市中山區民生東路二段141號11樓
書虫客服服務專線：02-25007718・02-25007719
24小時傳真服務：02-25001990・02-25001991
服務時間：週一至週五09:30-12:00・13:30-17:00
郵撥帳號：19863813　戶名：書虫股份有限公司
讀者服務信箱E-mail：service@readingclub.com.tw
歡迎光臨城邦讀書花園　網址：www.cite.com.tw
麥田部落格　http://blog.pixnet.net/ryefield
香港發行所　城邦（香港）出版集團有限公司
香港灣仔駱克道193號東超商業中心1樓
電話：(852)2508-6231　傳真：(852)2578-9337
E-mail：hkcite@biznetvigator.com
馬新發行所　城邦（馬新）出版集團【Cite（M）Sdn. Bhd.（458372U）】
11, Jalan 30D / 146, Desa Tasik, Sungai Besi, 57000 Kuala Lumpur, Malaysia.
電話：（603）90563833　傳真：（603）90562833

印　　刷　前進彩藝股份有限公司
初版一刷　2011年（民100）09月27日

定價：280元
ISBN：978-986-173-687-7

國家圖書館出版品預行編目資料

女性掌權第一人　呂后／王立群著. -- 初版.
-- 臺北市：麥田，城邦文化出版：家庭傳
媒城邦分公司發行，2011.09
面；　公分. --（重說・史；14）

ISBN 978-986-173-687-7（平裝）

1.（漢）呂后　2.傳記

622.12　　100017659